W0470224

Liköre & Rumtopf

AUTOR: REINHARDT HESS | FOTOS: SABINE MADER UND ULRIKE SCHMID

Praxistipps

Extra

Rezepte

8 Fruchtiges & Sahniges

22 Kräuter- & Klosterliköre

34 Bitteres & Gesundes

46 Rumtopf & Co.

Früchte, Kräuter und Alkohol

Selbst gemachte Liköre und Rumtöpfe brauchen ihre Zeit. Aber sie belohnen uns im Winter mit dem köstlichen Aroma sommerreifer Früchte.

Oh wie schön ist der Sommer! Beeren und Früchte im Überfluss, sonnengereift und voller Geschmack. Könnte man den Segen doch für den Winter aufbewahren ... Das dachten auch unsere Vorfahren, die noch ohne Tiefkühltruhe auskommen mussten. Neben dem Trocknen und Einmachen entdeckten sie die Eigenschaften von Weingeist, hochprozentigem Alkohol. Er kann nicht nur das Verderben von Obst verhindern, sondern darüber hinaus Farbe und Aroma aufnehmen und erhalten.

Schon die alten Griechen und Römer wussten, dass Früchte und Kräuter ihren Geschmack an Wein abgeben, wenn man sie darin ziehen lässt. Und dass dabei auch gesunde Wirkstoffe in den Wein übergehen. Wein mit Wermut und anderen bitteren Kräutern wurde als Medizin verordnet. Aber erst arabische Alchemisten entdeckten, dass beim Verdampfen und wieder Verflüssigen von Wein zunächst eine wasserklare, eigenartig riechende Flüssigkeit aus dem Destillierkolben tropft. Sie nannten sie »al'kull«, was etwa die »geistige Essenz« des Weins bedeuten sollte. Dieser Weingeist fängt bereits bei unter 80° zu sieden an und ist höchst feuergefährlich. Das hinderte die Schnapsbrenner nicht daran, damit zu experimentieren und immer neue, aromatische Getränke daraus herzustellen. Das Verfahren kam mit den Arabern nach Spanien und verbreitete sich rasch in ganz Europa. Zu Zeiten der Kreuzzüge lernten die Ritter nicht nur exotische Gewürze kennen, sondern frönten nach ihrer Rückkehr auch einer neu entdeckten Leidenschaft: der Herstellung von gewürztem »aqua vitae«, Lebenswasser aus Branntwein. Arnaud de Villeneuve, Arzt des Königs von Mallorca, zu dessen Herrschaftsgebiet auch das Roussillon gehörte, destillierte nicht nur Wein, sondern legte auch Kräuter und Heilpflanzen in Alkohol ein, um die Wirkstoffe herauszulösen. Und damit diese Medizin besser schmeckte, kam er auf die Idee, Honig zuzugeben. Und fertig waren die ersten Liköre! Diese Arznei schmeckte auch den Mönchen. Die Benediktiner aus der Normandie stellten einen Kräuterauszug her, der heute noch als »Bénédictine« geschätzt ist. Kartäusermönche konterten mit einem starken grünen Likör, dem »Chartreuse«. Es folgte eine Reihe von Klosterlikören, die als Klassiker bis heute gepflegt werden. Und auch das Volk fand bald Gefallen an der süßen Medizin.

Erst viel später, vor gut 50 Jahren, wurde der Rumtopf populär. Dass sich Früchte in hochprozentigem Rum nicht nur lange halten, sondern auch noch besser schmecken, sollen Seefahrer entdeckt haben, die auf dem Boden eines Rumfasses hineingefallene Beeren entdeckten. Aber erst ein Fernsehkoch, der für einen Flensburger Rumhersteller Werbung machte, sorgte mit seinen Sendungen für die Verbreitung des Rumtopfes. Noch heute gelten die Grundsätze der Herstellung für die alkoholische Konservierung der Sommerfrüchte: reifes heimisches Obst der Saison, beste Spirituosen und Geduld, denn ein Rumtopf schmeckt am besten im Winter.

Wichtige Küchenhelfer

Vermutlich haben Sie die meisten Geräte ohnehin. Wichtig ist hier aber vor allem das richtige Material, damit der Geschmack nicht verdorben wird.

Gefäße für Likör und Rumtopf

Zum Ansetzen von Likören sind **fest verschließbare Glasflaschen** mit weiter Öffnung (zum Beispiel Saftflaschen mit Schraubdeckel) gut geeignet. Für den Rumtopf gibt es **spezielle Tongefäße**, die ganz dicht verschlossen werden müssen, sonst entweicht der Alkohol. Notfalls gehen große Glasgefäße. Wenn sie keinen Deckel haben, mit Klarsichtfolie und Gummiring verschließen.

Digitale Waage und Messbecher aus Glas

Messbecher und **genaue Küchenwaage** (siehe Bild rechts) sind unbedingt nötig, denn oft wird mit kleinen Mengen gearbeitet. Messbecher sollten aus Glas oder Porzellan sein, Kunststoff kann von Alkohol angegriffen werden.

Trichter und Tüten zum Filtern

Zum Klären der Liköre brauchen Sie **Trichter und Filter**. Trichter sollten aus Glas oder Edelstahl sein, sonst können sie von Fruchtsäuren angegriffen werden. Zum Grobfiltern benötigen Sie **Leinentücher oder Seihtücher** (Haushaltswarengeschäft; auch Baumwollwindeln sind geeignet), für die Feinarbeit Kaffeefiltertüten oder Faltenfilter aus dem Laborfachgeschäft, die weniger schnell verstopfen.

Weingeist und andere Alkoholika

Zum Ansetzen von Likören sollte man geschmacksneutrale Alkoholika verwenden. **Der reinste Alkohol ist Weingeist,** den es in Apotheken gibt. Verlangen Sie 96 %igen, solche mit geringerem Alkoholgehalt sind mit Wasser verdünnt. Manche Apotheken haben nur 90 %igen, den Sie notfalls auch verwenden können. Weingeist (chemisch »Ethanol«) wird nicht aus Wein gewonnen, sondern durch Destillation von vergorener Zuckermelasse oder Kartoffeln.

Bei allen Spirituosen (Überbegriff für alkoholhaltige Getränke) wird der Gehalt in Volumenprozent angegeben (vol.-%), ein 40-prozentiger Schnaps enthält also 400 ml reinen Alkohol in einem Liter Gesamtmenge. Noch relativ hochprozentige, geschmacksneutrale Schnäpse sind Wodka (aus vergorenen Kartoffeln) und Doppelkorn (aus Getreide), einfacher »Korn« hat meist nur um 36 % Alkohol. Damit ein Likör keine Kopfschmerzen bereitet, sollten Sie nicht die einfachsten Qualitäten nehmen.

Branntweine werden aus vergorenen Früchten (aber nicht Weintrauben!) hergestellt. Jeder kennt süddeutsche Obstler, Schwarzwälder Kirschwasser, Calvados und Co., alles Brände mit ausgeprägtem Eigenaroma. Wenn Sie Ihren Likören ein spezielles Aroma geben wollen, können Sie diese verwenden. Whisky und Rum gehören ebenfalls zu den Branntweinen. Für Whisky wird Getreide vergoren, der entstehende Alkohol destilliert und in Holzfässern gelagert. Rum wird aus Zuckerrohrsaft oder -melasse hergestellt und ist nach der Destillation farblos (weißer Rum), erst die Lagerung in Fässern gibt ihm die braune Farbe. Neben den 40-prozentigen Rumsorten gibt es 54-prozentigen, der für Rumtopf verwendet wird, damit dieser nicht gärt.

»Echte Weinbrände« sind Cognac, Armagnac, Brandy und Metaxa, die aus Weinen destilliert und in Eichenholzfässern gereift werden. Sie sind für rumtopfartige Ansätze brauchbar, müssen aber mit reinem Alkohol auf etwa 55 Prozent gebracht werden.

Sirup – wunderbare Zuckerzauberei

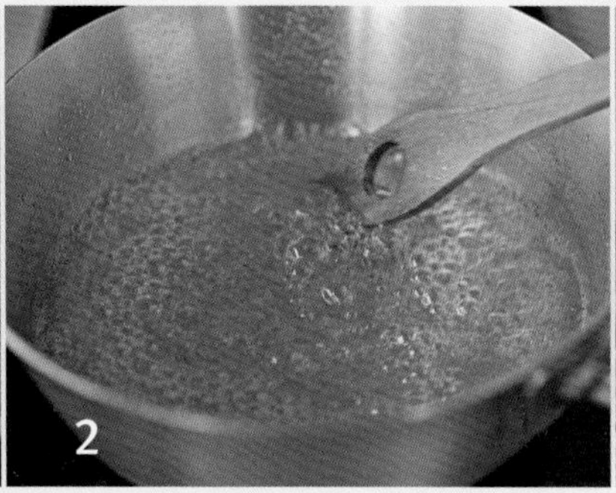

Körniger Zucker löst sich nur schwer in alkoholreichen Flüssigkeiten. Früher enthielt Zucker Verunreinigungen, weshalb er vor der Verwendung »geläutert«, das heißt mit klarem Wasser gekocht wurde. Dabei bilden die Verunreinigungen einen Schaum, der abgeschöpft wird. »Läuterzucker« ist ein heller, zähflüssiger Sirup, mit dem sich Liköre einfach süßen lassen.

Gibt man zum Zucker-Wasser-Gemisch noch Säure und lässt das Ganze 15–20 Min. kochen, so findet eine chemische Umwandlung statt: ein Teil des Zuckers verwandelt sich in Traubenzucker. Ein solcher Sirup schmeckt weniger süß, bildet aber keine Zuckerkruste. Mit braunem Rohrzucker erhalten Sie Zuckerrohrsirup. Geben Sie ein Gewürz zu, können Sie einen aromatisierten Sirup herstellen (siehe Tipp).

500 g Zucker (weiße Raffinade oder brauner Rohrzucker) | 500 ml destilliertes oder gefiltertes Wasser | 1 TL reine Zitronensäure (Apotheke)

Für 650 ml Zuckersirup

1 Den Zucker mit Wasser und Zitronensäure in einen hellen Topf geben (Bild 1) und bis zum Sieden erhitzen, dabei öfter mit einem Holzlöffel umrühren.

2 Wenn die Mischung Blasen wirft (Bild 2), unter ständigem Rühren mit dem Holzlöffel ca. 20 Min. sanft blubbern lassen (der Holzlöffel verhindert, dass der konzentrierte Sirup zu spritzen beginnt).

3 Wenn der Sirup zäher wird, den Topf vom Herd nehmen und den Sirup abkühlen lassen. In eine Flasche füllen (Bild 3) und diese verschließen. Im Kühlschrank 2–3 Monate haltbar.

TIPP – FÜR GEWÜRZSIRUP

Für Vanillesirup 1 Vanilleschote aufschlitzen, ins kalte Zuckerwasser geben und mitkochen lassen. Für Zitronensirup Schale von 1 Bio-Zitrone, für Zimtsirup 3 Zimtstangen mitkochen.

Fruchtiges & Sahniges

Aus süßen Früchten lassen sich herrliche Liköre zaubern, die sich außer zur Gästebewirtung auch wunderbar zum Verschenken eignen. Mein Schattenmorellen-Likör ist nicht nur der Farbe wegen ein begehrtes Mitbringsel.

Schattenmorellen-Likör

300 g reife Sauerkirschen (möglichst Schattenmorellen)
2–3 Kirschblätter
300 ml reiner Alkohol (Weingeist, 96 %)
250 g Zucker
450 ml kalkarmes Wasser
1 TL Zitronensaft

Für 750 ml Likör (ca. 37 Gläschen à 2 cl)
30 Min. Zubereitung | 4 Wochen Ziehen
Pro Gläschen ca. 50 kcal, 0 g EW, 1 g F, 8 g KH

1 Die Kirschen gut waschen, abtropfen lassen, halbieren und die Steine auslösen (dabei den Saft auffangen). Kirschhälften mit Saft in eine weithalsige Flasche geben. 3 Kirschsteine mit dem Hammer vorsichtig aufschlagen, die Kerne auslösen und mit den Kirschblättern ebenfalls in die Flasche geben. Mit dem Alkohol übergießen. Dunkel 4 Wochen ziehen lassen, ab und zu die Flasche vorsichtig schwenken.

2 Danach den Kirschenextrakt durch eine Kaffeefiltertüte in eine heiß ausgespülte Flasche gießen. Den Zucker mit Wasser und dem Zitronensaft aufkochen, 10 Min. sanft kochen, dann abkühlen lassen. Den Kirschenextrakt mit Zuckersirup auf 750 ml auffüllen, die Flasche verschließen. Kühl und dunkel aufbewahren. Gekühlt servieren.

TIPP – BESCHWIPSTE KIRSCHEN

Die übrig gebliebenen Kirschen sind hart und sehr alkoholreich. Werden sie aber im restlichen Zuckersirup (oder dem Sirup von Seite 7) ein paar Tage eingeweicht, schmecken sie prima auf Vanilleeis oder Pudding.

gelingt leicht

Mirabellenlikör

300 g reife Mirabellen
½ Zimtstange
400 ml Obstler (klarer Obstbranntwein, ersatzweise Wodka, 40 %)
400 ml kalkarmes Wasser
250 g Zucker
1 TL Zitronensaft

Für 750 ml Likör (ca. 37 Gläschen à 2 cl)
35 Min. Zubereitung | 4 Wochen Ziehen | 3 Monate Ruhen
Pro Gläschen ca. 50 kcal, 0 g EW, 0 g F, 8 g KH

1 Die Mirabellen waschen, gut abtropfen lassen. Halbieren und entsteinen. Die Früchte in kleine Stücke schneiden und in eine weithalsige Flasche füllen. Die Zimtstange dazubröckeln. Den Obstler aufgießen, die Flasche verschließen. Warm und dunkel 4 Wochen ziehen lassen, die Flasche ab und zu vorsichtig schwenken.

2 Danach das Wasser mit Zucker und dem Zitronensaft unter Rühren aufkochen, 10 Min. sanft kochen, dann abkühlen lassen. Den Mirabellenauszug durch ein Leinentuch seihen, die Mirabellen dabei vorsichtig ausdrücken.

3 Den Saft mit dem kalten Sirup mischen, in eine heiß ausgespülte Flasche füllen. Die Flasche verschließen und den Likör kühl und dunkel noch etwa 3 Monate ruhen lassen. Bei Bedarf noch durch eine Kaffeefiltertüte seihen.

VARIANTE – PFLAUMENLIKÖR

Statt Mirabellen gelbe oder blaue Pflaumen nehmen, mit Obstler und ca. 5 cm dünn abgeschälter Orangenschale ansetzen. Bei blauen Pflaumen können Sie auch braunen Rohrzucker nehmen und den Sirup mit einem Sternanis würzen. Je länger die Obstliköre ruhen können, umso besser schmecken sie.

würzig | originell

Roter Apfelkorn

4 rotschalige Äpfel | 650 ml Doppelkorn (40 %) | 150 ml kalkarmes Wasser | 50 g Zucker | 4 Gewürznelken | 1 kleine Zimtstange

Für 750 ml Likör (ca. 37 Gläschen à 2 cl)
35 Min. Zubereitung | 4 Wochen Ziehen | 4 Wochen Ruhen
Pro Gläschen ca. 50 kcal, 0 g EW, 0 g F, 1 g KH

1 Die Äpfel gründlich waschen, schälen und nur die Schalen in eine weithalsige Flasche geben. Doppelkorn aufgießen, Flasche verschließen. Den Ansatz 4 Wochen warm und dunkel ziehen lassen.

2 Danach das Wasser mit Zucker, Nelken und Zimtstange unter Rühren aufkochen, 15 Min. sanft kochen, dann abkühlen lassen.

3 Den Apfelschalen-Korn und den Gewürzsirup durch ein feines Sieb seihen. Beides in eine saubere Flasche füllen. Verschließen und am besten noch 4 Wochen ruhen lassen. Gut gekühlt servieren.

raffiniert | zum Verschenken

Quitten-Kognak

1 große reife Quitte (ca. 350 g) | 3 Gewürznelken | 60 g Zucker | 650 ml Doppelkorn oder Wodka (40 %)

Für 750 ml Likör (ca. 37 Gläschen à 2 cl)
20 Min. Zubereitung | 4 Wochen Ziehen | 1 Jahr Ruhen
Pro Gläschen ca. 55 kcal, 0 g EW, 1 g F, 2 g KH

1 Die Quitte waschen und mit einem Tuch abreiben. Die Quitte mit Schale und Kerngehäuse auf einer Rohkostreibe grob raspeln. Die Nelken etwas zerdrücken und in ein Glas streuen. Die Quittenraspel darüber füllen und mit dem Zucker bestreuen. Abgedeckt über Nacht ziehen lassen, dann den Doppelkorn aufgießen. Das Glas fest verschließen, warm und dunkel 4 Wochen ziehen lassen.

2 Den Quittenansatz durch eine Kaffeefiltertüte seihen, in eine Flasche füllen und gut verschließen. Am besten 1 Jahr kühl und dunkel ruhen lassen, dann schmeckt er tatsächlich cognacähnlich.

fruchtig-würzig

Aprikosenlikör

300 g reife Aprikosen
½ Zimtstange | 3 Gewürznelken
275 ml reiner Alkohol (Weingeist 96 %)
½ Vanilleschote
365 ml Zuckersirup (siehe Seite 7)
180 ml trockener Weißwein

Für 750 ml Likör (ca. 37 Gläschen à 2 cl)
35 Min. Zubereitung | 4 Wochen Ziehen | 2 Monate Ruhen
Pro Gläschen ca. 30 kcal, 0 g EW, 0 g F, 5 g KH

1 Die Aprikosen waschen und mit Küchenpapier trocken reiben. Die Früchte längs aufschneiden und entsteinen. 3–4 Steine mit dem Hammer vorsichtig aufschlagen und die Kerne herausnehmen. Die Aprikosen in kleine Stücke schneiden und mit den Kernen, Zimtstange und den Nelken in eine weithalsige Flasche füllen. Den Alkohol aufgießen, die Flasche fest verschließen und die Mischung warm und dunkel 4 Wochen ziehen lassen.

2 Danach den Aprikosen-Gewürzextrakt durch eine Kaffeefiltertüte seihen, die Fruchtstücke dabei vorsichtig ausdrücken. Die Vanilleschote längs aufschlitzen, das Mark herausschaben und mit der Schote zum Zuckersirup geben. Den Wein zugießen und alles erhitzen. Bei schwacher Hitze 10 Min. ziehen, dann abkühlen lassen.

3 Den kalten Sirup durch ein Tuch filtern und mit dem Aprikosenextrakt mischen. In eine saubere Flasche füllen und gut verschließen. Kühl und dunkel noch mindestens 2 Monate ruhen lassen. Am besten leicht gekühlt servieren.

herb-fruchtig | aus Wildfrüchten

Kornelkirschen-Ratafia

200 g reife Kornelkirschen
330 ml reiner Alkohol (Weingeist 96 %)
400 g Zucker
15 g Traubenzucker
½ EL Zitronensaft
gut 650 ml kalkarmes Wasser

Für 750 ml Likör (ca. 37 Gläschen à 2 cl)
20 Min. Zubereitung | 4 Wochen Ziehen | 4 Wochen Ruhen
Pro Gläschen ca. 70 kcal, 0 g EW, 0 g F, 12 g KH

1 Die Kornelkirschen waschen, abtropfen lassen und in einer Schüssel zerdrücken. Das Fruchtfleisch samt Kernen in eine weithalsige Flasche füllen und mit dem Alkohol übergießen. Flasche verschließen und die Mischung warm und dunkel 4 Wochen ziehen lassen.

2 Danach den Kirschextrakt durch eine Kaffeefiltertüte seihen. Den Zucker mit dem Traubenzucker, Zitronensaft und Wasser aufkochen, 5 Min. sprudelnd kochen, dann abkühlen lassen. 500 ml Sirup abmessen und zum Kornelkirschenextrakt gießen. In eine saubere Flasche füllen, verschließen und noch mindestens 4 Wochen kühl und dunkel ruhen lassen.

TIPP – WILDE KORNELKIRSCHEN

Die länglichen, kirschenähnlichen Steinfrüchte finden Sie an Büschen, die gern als Ziersträucher angepflanzt werden. Mitte September bis Oktober sind die Früchte reif und sind am aromatischsten, wenn sie fast von selbst abfallen. Sie schmecken auch roh, als Kompott oder Konfitüre.

links: Kornelkirschen-Ratafia | rechts: Aprikosenlikör

Aprikosenlikör

herb-fruchtig | ganz einfach

Heidelbeer-Vanille-Likör

300 g Heidelbeeren (am besten tiefgekühlte)
1 große Vanilleschote
600 ml Wodka (40 %)
300 g Zucker

Für 750 ml Likör (ca. 37 Gläschen à 2 cl)
20 Min. Zubereitung | 6 Wochen Ziehen | 6 Monate Ruhen
Pro Gläschen ca. 80 kcal, 0 g EW, 1 g F, 10 g KH

1 Frische Heidelbeeren waschen, gut abtropfen lassen. Frische oder gefrorene Beeren in ein großes Glas füllen. Die Vanilleschote in kleine Stücke schneiden, zu den Beeren geben und alles mit Wodka übergießen. Das Glas fest verschließen und den Ansatz 4 Wochen warm und dunkel ziehen lassen, ab und zu vorsichtig schwenken.

2 Danach den Ansatz durch ein Sieb gießen. Den Wodka auffangen und in eine saubere Flasche füllen. Die Beeren wieder in das Glas zurückgeben und mit dem Zucker bestreuen. Das Glas wieder verschließen und alles warm und dunkel 2 Wochen ziehen lassen, bis der Zucker den Beeren den Alkohol entzogen hat.

3 Den Beerensaft durch ein feines Sieb zum Wodka gießen, alles durch eine Kaffeefiltertüte seihen und in eine heiß ausgespülte Flasche füllen. Die Flasche fest verschließen. Den Likör kühl und dunkel noch ca. 6 Monate ruhen lassen.

TIPP – FRISCHE HEIDELBEEREN

Frische Beeren geben nicht so leicht Farbe und Aroma ab – zerdrücken Sie sie nach dem Waschen leicht mit einem Kartoffelstampfer.

aromatisch-würzig | Muntermacher

Schlehenlikör

250 g reife Schlehen
300 ml reiner Alkohol (Weingeist 96 %)
10 g ganze Kaffeebohnen
450 ml trockener Weißwein
450 g Zucker

Für 750 ml Likör (ca. 37 Gläschen à 2 cl)
30 Min. Zubereitung | 3 Monate Ziehen
Pro Gläschen ca. 75 kcal, 0 g EW, 0 g F, 13 g KH

1 Die Schlehen waschen, gut abtropfen lassen und die Früchte rundum mit einer Nadel einstechen. In ein Glas füllen und mit dem Alkohol übergießen. Das Glas verschließen und den Ansatz 2 Monate warm und dunkel ziehen lassen.

2 Danach die Kaffeebohnen zugeben, den Ansatz noch 1 Woche ziehen lassen, ab und zu das Glas schütteln.

3 Den Alkoholauszug durch ein Sieb gießen und mit dem Weißwein und dem Zucker vermischen, in eine Flasche füllen, verschließen und 1 Woche ziehen lassen. Nun die Mischung durch eine Kaffeefiltertüte seihen, in eine Flasche füllen und kühl und dunkel aufbewahren. Wenn der Likör nach 2 Wochen trübe geworden ist, nochmals durch eine Kaffeefiltertüte gießen.

TIPP – HERBE SCHLEHEN

Die herben, schwarzblauen Früchte des Schwarzdorns sind sehr sauer. Nach dem ersten Frost schmecken sie milder, Sie können sie aber auch über Nacht tiefkühlen, dann sind sie ebenfalls süßer und geben leichter ihr Aroma ab.

vorne: Schlehenlikör | hinten: Heidelbeer-Vanille-Likör

fruchtig-aromatisch | gelingt leicht

Orangen-Rosolio

Ein klassischer italienischer Likör, der früher mit Rosenöl aromatisiert wurde. Noch besser: mit frischen Duftrosenblüten.

4 Bio-Orangen
3 unbehandelte Duftrosenblüten
190 g Zucker
½ Tütchen Safranfäden
325 ml reiner Alkohol (Weingeist 96%)
500 ml kalkarmes Wasser

Für 750 ml Likör (ca. 37 Gläschen à 2 cl)
45 Min. Zubereitung | 2 Wochen Ziehen | 1 Monat Ruhen
Pro Gläschen ca. 40 kcal, 0 g EW, 0 g F, 6 g KH

1 Die Orangen heiß waschen, mit Küchenpapier trocken reiben. Die Schalen hauchdünn mit einem Sparschäler abschälen, es sollten möglichst keine hellen Schalenabschnitte dabei sein (Bild 1).

2 Die Orangenschalen in eine weithalsige Flasche füllen. Die Rosenblütenblätter abzupfen und in einen Mörser geben. 65 g Zucker darüberstreuen und die Blätter mit dem Zucker zu einem Brei zerstampfen (Bild 2). Den Rosenblätterbrei zu den Orangenschalen geben. Die Safranfäden etwas zwischen den Fingerspitzen zerreiben und ebenfalls zu der Mischung geben. Den Alkohol aufgießen, die Flasche fest verschließen und alles warm und dunkel 10–14 Tage ziehen lassen, ab und zu die Flasche vorsichtig schwenken.

3 Danach den Orangen-Rosen-Extrakt durch eine Kaffeefiltertüte seihen, die Rückstände vorsichtig ausdrücken. Die restlichen 125 g Zucker mit dem kalkarmen Wasser aufsetzen und langsam aufkochen lassen. Unter Rühren 5 Min. kochen lassen, bis sich der Zucker aufgelöst hat. Den Topf vom Herd nehmen und diesen Sirup abkühlen lassen.

4 Den Zuckersirup mit dem Orangen-Rosen-Extrakt mischen und in eine heiß ausgespülte Flasche füllen. Kühl und dunkel mindestens 1 Monat ruhen lassen. Danach den Rosolio eventuell noch einmal durch einen Kaffeefilter seihen. Eiskalt servieren.

TIPP – ROSENBLÜTEN

Am besten verwenden Sie Rosen aus dem eigenen Garten oder von netten Nachbarn, im Blumenladen bekommt man sie nur sehr selten. Erkennbar sind sie am intensiven Duft.

VARIANTE – LIMONCELLO

Für diesen gelb-fruchtigen sizilianischen Likör 3–4 große Bio-Zitronen heiß abwaschen, trocknen und die gelbe Schale (ohne weiße Haut) mit einem Sparschäler hauchdünn abschälen. In eine weithalsige Flasche geben und mit gut 300 ml reinem Alkohol (96%) übergießen. 2 Wochen dunkel und warm ziehen lassen (nicht länger, sonst wird der Likör bitter). Dann den Extrakt durch eine Kaffeefiltertüte seihen. 125 g Zucker mit knapp 450 ml kalkarmem Wasser zum Kochen bringen, einmal kräftig aufkochen und wieder abkühlen lassen. Unter den Zitronenschalenextrakt mischen, Mischung in eine Flasche füllen und diese gut verschließen. Kühl und dunkel aufbewahren. Zum Servieren gut kühlen und in eisgekühlte Gläschen geben.

1

2

fruchtig-cremig | zum Verschenken

Erdbeer-Sahne-Likör mit rosa Pfeffer

Überraschend, wie in diesem Likör das Aroma reifer Erdbeeren eingefangen wird. In einer schönen Flasche ein tolles Geschenk.

250 g reife Erdbeeren
5 frische Pfefferminzblätter
250 ml reiner Alkohol (Weingeist 96%)
3 ganz frische Eigelbe (von Eiern der Größe M)
250 ml Milch
250 g Sahne
175 g Puderzucker
2 TL rosa Pfefferbeeren
1 TL Sahnesteif

Für 750 ml Likör (ca. 37 Gläschen à 2 cl)
30 Min. Zubereitung | 4 Wochen Ziehen
Pro Gläschen ca. 65 kcal, 1 g EW, 3 g F, 6 g KH

1 Erdbeeren waschen, putzen und gut abtropfen lassen. In kleine Stücke schneiden. Minzblätter waschen, trocken tupfen und in Streifen schneiden. Alles in ein Glas füllen, den Alkohol darübergießen, und den Ansatz warm und dunkel 4 Wochen ziehen lassen.

2 Danach in einer Wasserbadschüssel die Eigelbe mit Milch, Sahne und Puderzucker verrühren. Rosa Pfeffer zerdrücken und zugeben. Die Mischung über dem leise siedenden Wasserbad mit dem Schneebesen aufschlagen, bis sie cremig wird. Vom Wasserbad nehmen, abkühlen lassen und durch ein feines Sieb gießen. Den Erdbeeransatz ebenfalls durch das Sieb dazuseihen, die Früchte vorsichtig ausdrücken.

3 Sahnesteif zugeben und alles 3 Min. mit dem Pürierstab durchmixen. Den Likör in Flaschen füllen und verschließen. Kühl aufbewahren.

cremig | ganz einfach

Eier-Kognak

500 ml Milch | 175 g Zucker | ½ Vanilleschote | 3 frische Eigelbe (Größe M) | 125 ml reiner Alkohol (Weingeist 96 %)

Für 750 ml Likör (ca. 37 Gläschen à 2 cl)
20 Min. Zubereitung
Pro Gläschen ca. 40 kcal, 1 g EW, 1 g F, 6 g KH

1 Etwa 375 ml Milch mit dem Zucker in einen Topf füllen. Vanilleschote aufschlitzen, dazugeben und alles aufkochen. Die restliche Milch mit den Eigelben verquirlen, in die kochende Milch gießen und unter Rühren mit dem Schneebesen bis knapp unter den Siedepunkt erhitzen.

2 Den Topf vom Herd nehmen und die Milchmischung weiter quirlen, bis sie abgekühlt ist. Durch ein feines Sieb gießen.

3 Die Milchmischung mit dem Alkohol verrühren. In eine Flasche füllen und fest verschließen. Kühl und dunkel aufbewahren.

erfrischend-schokoladig

Minz-Schoko-Likör

1 Bund Pfefferminze | 450 ml kalkarmes Wasser | 75 g Zucker | 1 TL Zitronensaft | 150 g Zartbitter-Kuvertüre | 150 g Sahne | 1 TL Sahnesteif | 150 ml reiner Alkohol (Weingeist 96 %)

Für 750 ml Likör (ca. 37 Gläschen à 2 cl)
1 Std. Zubereitung
Pro Gläschen ca. 55 kcal, 0 g EW, 3 g F, 4 g KH

1 Minze waschen, trocknen, Blätter abzupfen, in eine Schüssel geben und etwas zerdrücken. Wasser mit Zucker und Zitronensaft aufkochen, ca. 10 Min. bei kleiner Hitze kochen lassen. Kochend heiß über die Minze gießen. Abgedeckt 10 Min. ziehen lassen.

2 Pfefferminzsud durch ein Sieb gießen, wieder erhitzen. Die Kuvertüre hacken und im Sud schmelzen lassen. Die Sahne einrühren, alles kurz erwärmen, dann abkühlen lassen, dabei öfter umrühren. Sahnesteif auf die Schokosahne streuen und mit dem Schneebesen kräftig unterquirlen. Den Alkohol untermischen und den Likör in eine Flasche füllen.

raffiniert | zum Verschenken

Whiskey-Sahne-Likör

5 frische Eier (Größe M)
200 g Sahne
160 g Puderzucker
1 Päckchen Vanillezucker
1 TL Speisestärke
Salz
300 ml irischer Whiskey, ersatzweise Bourbon-Whiskey (40 %)
1 TL Instant-Kaffeepulver

Für 750 ml Likör (ca. 37 Gläschen à 2 cl)
25 Min. Zubereitung
Pro Gläschen ca. 65 kcal, 1 g EW, 3 g F, 5 g KH

1 Die Eier trennen. Die Eigelbe in eine Wasserbadschüssel geben und mit Sahne, Puderzucker, Vanillezucker und Stärke verrühren. Über dem heißen Wasserbad ca. 10 Min. unter ständigem Quirlen mit dem Schneebesen erwärmen, bis die Mischung leicht cremig wird (nicht zu heiß werden lassen, sonst stocken die Eigelbe zu Rührei). Die Schüssel vom Wasserbad nehmen.

2 Die Eiweiße mit einer kleinen Prise Salz leicht cremig schlagen und unter die Eigelbmischung rühren. Die Schüssel in Eiswasser stellen und abkühlen lassen, dabei die Creme öfter durchquirlen.

3 Die kalte Creme durch ein feines Sieb gießen. Den Whiskey und das Kaffeepulver untermischen. Den Likör in eine saubere Flasche füllen, gut verschließen und kühl und dunkel aufbewahren. Die Flasche ab und zu schütteln. Etwa 3 Monate haltbar. Am besten leicht gekühlt servieren.

aus Italien | cremig

Fiore di latte

100 g Zucker
100 ml kalkarmes Wasser
350 ml Milch
100 g Sahne
100 g weiße Schokolade
2 Päckchen Sahnesteif
100 ml Grappa (40 %)
100 ml reiner Alkohol (Weingeist 96 %)

Für 750 ml Likör (ca. 37 Gläschen à 2 cl)
30 Min. Zubereitung
Pro Gläschen ca. 55 kcal, 1 g EW, 2 g F, 5 g KH

1 Den Zucker mit dem Wasser aufkochen und 5 Min. bei mittlerer Hitze kochen, bis sich der Zucker aufgelöst hat. Die Milch und die Sahne zugeben, einmal aufwallen lassen, dann den Topf vom Herd nehmen.

2 Die Schokolade zerbröckeln und unter Rühren in der heißen Milchmischung schmelzen lassen. Mit dem Pürierstab durchmixen. Die Mischung auf Handwärme abkühlen lassen, ab und zu durchrühren.

3 Das Sahnesteif über die Milchmischung streuen und untermixen. Den Grappa und den Alkohol untermischen. Den Likör ganz erkalten lassen. Noch einmal kräftig durchmixen und in eine saubere Flasche füllen. Fest verschließen und kühl und dunkel aufbewahren. Vorm Servieren kräftig schütteln. Hält sich mindestens 6 Monate.

links: Fiore di latte | rechts: Whiskey-Sahne-Likör

Kräuter- & Klosterliköre

Dass alkoholische Kräuterauszüge wohltuend sind, haben Ärzte und Mönche schon früh erkannt. Aber erst mit Honig oder Zucker verfeinert schmeckten sie auch. Besonders gern mag ich diesen herben Likör, den Dominikanerschwestern kreiert haben sollen.

Rhabarber-Amaro

125 g rotstieliger Rhabarber
200 g Zucker
1 ½ EL getrocknete Enzianwurzel (Apotheke oder Kräuterladen)
1 Päckchen Safranfäden
525 ml Grappa, ersatzweise Doppelkorn (40 %)
75 ml reiner Aloe-Vera-Saft (Drogeriemarkt, Bioladen)

Für 750 ml Likör (ca. 37 Gläschen à 2 cl)
20 Min. Zubereitung | 3 Wochen Ziehen | 6 Monate Ruhen
Pro Gläschen ca. 55 kcal, 0 g EW, 0 g F, 5 g KH

1 Den Rhabarber waschen und in ganz dünne Scheiben schneiden. Die Rhabarberscheiben in eine weithalsige Flasche füllen und mit dem Zucker bestreuen. Die Flasche verschließen und die Mischung über Nacht ziehen lassen.

2 Am nächsten Tag die Enzianwurzel und den Safran zugeben, alles mit dem Grappa übergießen. Die Flasche wieder verschließen und die Mischung warm und dunkel 2–3 Wochen ziehen lassen, ab und zu die Flasche schütteln.

3 Danach den Alkoholansatz durch eine Kaffeefiltertüte seihen, die Rückstände fest ausdrücken. Das Filtrat mit dem Aloe-Vera-Saft vermischen und den Likör in eine saubere Flasche füllen. Kühl und dunkel aufbewahren. Am besten schmeckt er, wenn Sie ihn noch ca. 6 Monate ruhen lassen. Bei Bedarf nochmals durch eine Kaffeefiltertüte seihen.

preiswert | braucht Zeit

Holunderlikör »Frühjahr und Herbst«

Der Holunderstrauch, der bei Bauernhöfen gepflanzt wurde, galt als Sitz der Göttin Holder, die Familie, Tiere und Pflanzen schützte. Blüten und Beeren schätzte auch die Klosterheilkunde, die sie gegen Erkältungen und Fieber empfahl.

Im Frühjahr
6 Holunderblütendolden (möglichst gerade aufblühende), ersatzweise 10 EL Holunderblütentee
200 ml reiner Alkohol (Weingeist 96 %)
300 ml kalkarmes Wasser
Im Herbst
400 g reife Holunderbeeren
150 ml kalkarmes Wasser
100 g Zucker
1 TL Zitronensaft
30 g heller Blütenhonig

Für 750 ml Likör (ca. 37 Gläschen à 2 cl)
1 Std. Zubereitung | 3 Monate Ziehen
Pro Gläschen ca. 30 kcal, 0 g EW, 0 g F, 4 g KH

1 Im späten Frühjahr (ab Anfang Juni) die Holunderblütendolden sammeln. Möglichst nicht waschen, sondern nur gut ausschütteln, um das Ungeziefer zu entfernen. Die Blüten abzupfen und in eine weithalsige Flasche füllen. Den Alkohol und 300 ml kalkarmes Wasser auffüllen, die Flasche gut verschließen und kühl und dunkel bis zum Herbst ruhen lassen.

2 Im frühen Herbst (etwa Mitte August) die reifen Holunderbeeren sammeln. Die Beeren waschen und mit einer Gabel von den Stielen in eine Schüssel streifen. In einen Topf geben und ca. 150 ml kalkarmes Wasser zugießen. Die Beeren aufkochen und zugedeckt bei kleiner Hitze 25–30 Min. kochen.

3 Die Holunderbeeren durch ein feines Sieb streichen. 350 ml Saft abmessen, mit dem Zucker und dem Zitronensaft in einen Topf geben, erhitzen und nun offen bei mittlerer bis kleiner Hitze 15 Min. sanft kochen, dann abkühlen lassen.

4 Den kalten Beerensirup mit dem alkoholischen Blütenansatz und dem Honig mischen. Erst durch ein feines Sieb, dann durch ein Leinentuch seihen. Den Likör in heiß ausgespülte Flaschen füllen und diese gut verschließen. Kühl und dunkel aufbewahren. Eventuell nach 3 Monaten nochmals durch ein feines Leinentuch oder eine Kaffeefiltertüte seihen.

TIPP – BEI ERKÄLTUNGEN

Ein Gläschen des schwarzroten, trüben Likörs ist spätestens bei aufkommenden Erkältungen angesagt, er stärkt nämlich die Abwehrkräfte. Wenn Sie reichlich Beeren im Herbst finden, können Sie auch mehr entsaften, den Saft sieben, noch etwas einkochen und in Flaschen füllen. Flaschen fest verschließen und im Einmachtopf pasteurisieren. Der Saft hält sich bis zum nächsten Herbst.

1

2

würzig | braucht Zeit

Dinkelmalz-Elixier nach Hildegard von Bingen

Die Äbtissin kannte zwar noch keinen reinen Alkohol, schätzte aber Dinkel für Getränke und geröstet als Kaffee. Auch die positiven Wirkungen von Kräutern und Gewürzen waren ihr gut bekannt.

100 g Dinkelkörner
2 EL getrockneter Thymian (möglichst Feldthymian, Quendel)
2 EL getrocknete Hopfendolden (Apotheke)
2 EL Fenchelsamen
2 TL getrockneter Galgant (Apotheke, Asienladen)
1 Zimtstange
575 ml Doppelkorn (40 %)
275 ml trockener Weißwein (z. B. Riesling aus Rheinhessen)
130 g heller Blütenhonig

Für 750 ml Likör (ca. 37 Gläschen à 2 cl)
30 Min. Zubereitung | 2 Tage Quellen | 4 Std. Backen | 2 Wochen Ziehen
Pro Gläschen ca. 55 kcal, 0 g EW, 0 g F, 3 g KH

1 Die Dinkelkörner in lauwarmem Wasser einweichen und 2 Tage quellen lassen, dabei zweimal täglich das Wasser erneuern. Wenn die Dinkelkörner gut aufgequollen sind (Bild 1), gut abtropfen lassen und auf einem Backblech ausbreiten. Das Backblech in den Ofen (Mitte) schieben, den Ofen auf 100° (Umluft 90°) schalten und die Körner 3 Std. trocknen lassen.

2 Danach den Ofen auf 180° (Umluft 165°) schalten und die Körner 45 Min. bis 1 Std. rösten, bis sie gut karamellfarben gebräunt, aber nicht schwarz geworden sind (Bild 2). Diese Dinkelmalzkörner abkühlen lassen, etwas zerdrücken und in eine weithalsige Flasche füllen.

3 Kräuter und Gewürze zugeben und die Mischung mit 475 ml Doppelkorn aufgießen. Diesen Ansatz warm und dunkel ca. 2 Wochen ziehen lassen.

4 Den Dinkelmalz-Korn durch eine Kaffeefiltertüte seihen, die Rückstände mit 100 ml Doppelkorn nachspülen und fest ausdrücken. Den Weißwein mit dem Honig verrühren, bis sich der Honig aufgelöst hat, dann zum Malzextrakt gießen. Den Likör in eine saubere Flasche füllen und diese gut verschließen. Kühl und dunkel aufbewahren. Bei Bedarf nach 3 Monaten nochmals durch eine Filtertüte seihen.

TIPP – GALGANT

Galgant ist der getrocknete Wurzelstock eines ingwerähnlichen Gewächses, in Apotheken und Kräuterläden erhältlich, Sie finden ihn aber auch im Asienladen frisch oder getrocknet als »Laos«. Er wirkt – wie auch der Likör – magenstärkend, blähungstreibend und hilft, fette Gerichte besser zu vertragen.

herb-fruchtig | Klassiker

Crescentia-Likör

300 g Schwarze Johannisbeeren
1 kleine Zimtstange
3 Gewürznelken
300 ml reiner Alkohol (Weingeist 96 %)
250 g Zucker
600 ml kalkarmes Wasser

Für 750 ml Likör (ca. 37 Gläschen à 2 cl)
30 Min. Zubereitung | 2 Wochen Ziehen
Pro Gläschen ca. 45 kcal, 0 g EW, 0 g F, 7 g KH

1 Die Johannisbeeren waschen und gut abtropfen lassen. Die Beeren mit einer Gabel von den Rispen streifen und in eine weithalsige Flasche füllen. Die Zimtstange durchbrechen und mit den Nelken dazugeben. Den Alkohol aufgießen, die Flasche verschließen und den Ansatz hell und warm 2 Wochen ziehen lassen. Die Flasche während der 2 Wochen ab und zu kräftig schütteln.

2 Danach den Ansatz durch eine Kaffeefiltertüte seihen. Den Zucker mit dem kalkarmen Wasser aufkochen, sprudelnd 5 Min. kochen, dann abkühlen lassen. Mit dem Beerenansatz vermischen, in eine saubere Flasche füllen und diese gut verschließen. Nun kühl und dunkel aufbewahren.

TIPP – CASSIS-LIKÖR

Wenn Sie die Beeren mit 750 ml Doppelkorn oder Wodka (40 %) ansetzen und nach dem Filtrieren knapp 200 g Zucker unter Rühren ohne Erhitzen in dem Ansatz auflösen, haben Sie einen klassischen Cassis-Likör. Vermutlich haben die Schwestern des Crescentiaklosters das Rezept aus Frankreich übernommen.

herb-würzig | preiswert

Tannen-Honig-Likör

3 Handvoll junge Tannenspitzen, ersatzweise Fichtenspitzen (ca. 30 g)
225 ml kalkarmes Wasser
175 g dunkler Waldhonig
375 ml Doppelkorn oder Wodka (40 %)

Für 750 ml Likör (ca. 37 Gläschen à 2 cl)
45 Min. Zubereitung | 4 Wochen Ruhen
Pro Gläschen ca. 40 kcal, 0 g EW, 0 g F, 4 g KH

1 Die Tannenspitzen gut waschen, in einen Topf geben und das Wasser aufgießen. Langsam aufkochen und zugedeckt bei ganz kleiner Hitze ca. 10 Min. ziehen lassen. Das Wasser dann lauwarm abkühlen lassen.

2 Den Sud durch ein feines Sieb gießen und den Honig darin auflösen. Ganz abkühlen lassen, dann den Korn oder Wodka untermischen. Den Likör in eine saubere Flasche füllen und diese gut verschließen.

3 Den Likör nun kühl und dunkel mindestens 4 Wochen ruhen lassen. Danach bei Bedarf durch eine Kaffeefiltertüte seihen.

VARIANTE – BÄRENFANG

Wenn Sie statt der Tannenspitzen 1 Vanilleschote, 1 Zimtstange und 3 Gewürznelken im Wasser erhitzen und zugedeckt ziehen lassen, dann mit Honig und Doppelkorn vermischen, haben Sie einen Likör, der sehr an den ostpreußischen »Bärenfang« erinnert.

links: Tannen-Honig-Likör | rechts: Crescentia-Likör

herb-würzig | braucht Zeit

Elfkräuter-Klosterlikör

Ein Sommer-Likör, für dessen Ansatz Sie am besten einen ausgiebigen Spaziergang über eine ungedüngte Wildwiese machen. Es müssen nicht genau die aufgeführten Kräuter sein, es dürfen auch ein paar aus dem Garten untergemischt werden.

1 große Bio-Orange
275 ml reiner Alkohol (Weingeist 96 %)
11 verschiedene Wiesenkräuter, insgesamt ca. 150 g (z. B. Feldthymian (Quendel), Bachminze, wilder Majoran (Dost), Johanniskraut, Wiesensalbei, Beifuß, Schafgarbe, Rotklee, Gundermann, Wegwarte, Weidenröschen, Giersch, auch Blätter von Brombeeren, Birken oder ein Tannenzweig können dabei sein.)
10 g Süßholzwurzel (Apotheke)
8 g Kalmuswurzel (Apotheke)
1 TL Fenchelsamen
1 TL Anissamen
1 TL Kümmel
525 ml kalkarmes Wasser
75 g Zucker
1 TL Zitronensaft

Für 750 ml Likör (ca. 37 Gläschen à 2 cl)
45 Min. Zubereitung | 2 Monate Ziehen | 6 Monate Ruhen
Pro Gläschen ca. 25 kcal, 0 g EW, 0 g F, 2 g KH

1 Die Orange heiß waschen, trocken tupfen und die Schale mit einem Sparschäler hauchdünn (ohne weiße Haut) abschälen. Die Schalenstreifen in kochendem Wasser 30 Sek. überbrühen, in ein Sieb abgießen und abtropfen lassen. In eine große weithalsige Flasche füllen und den Alkohol darübergießen. Flasche verschließen, Inhalt warm und dunkel 5 Tage ziehen lassen.

2 Danach den Alkohol vorsichtig in einen Becher abgießen, die Schalen wegwerfen. Die Kräuter waschen, gut trocken schütteln. Längere Stängel in Stücke schneiden, mit den Gewürzen in die Flasche geben und den Orangenschalen-Alkohol zugießen. Die Flasche fest verschließen, schütteln und den Ansatz 25 Tage warm und dunkel ziehen lassen, täglich einmal kräftig schütteln.

3 Am 25. Tag den Kräuter-Gewürz-Extrakt so durch eine Kaffeefiltertüte seihen, dass die Kräuter und Gewürze in der Flasche bleiben. Das kalkarme Wasser mit dem Zucker und dem Zitronensaft unter Rühren aufkochen, 5 Min. sanft kochen lassen, dann heiß über die Kräuter und Gewürze in der Flasche gießen, abkühlen lassen.

4 Den Sirup in der Flasche ebenfalls durch die Kaffeefiltertüte seihen. Extrakt und Sirup vermischen, in eine saubere Flasche füllen und kühl und dunkel 1 Monat ziehen lassen.

5 Den Likör nochmals durch eine Kaffeefiltertüte seihen, in eine saubere Flasche füllen und kühl und dunkel aufbewahren. Am besten 6 Monate ruhen lassen, erst dann als Verdauungslikör gekühlt nach einem üppigen Essen servieren.

erfrischend | zum Verschenken

Pfefferminzlikör

1 großes Bund frische Pfefferminze
250 ml reiner Alkohol (Weingeist 96 %)
knapp 600 ml kalkarmes Wasser
250 g Zucker
25 g Traubenzucker
2 TL Zitronensaft
1 Stück Bio-Zitronenschale (ca. 5 cm)

Für 750 ml Likör (ca. 37 Gläschen à 2 cl)
30 Min. Zubereitung | 1 Monat Ziehen
Pro Gläschen ca. 45 kcal, 0 g EW, 0 g F, 8 g KH

1 Die Minze waschen, trocken schütteln, die Blätter abzupfen und zerschneiden. Blätter in ein Schraubdeckelglas füllen, mit Alkohol übergießen, das Glas fest verschließen und in einen Topf stellen. Wasser bis zur Höhe des Alkohols einfüllen und bis unter den Siedepunkt erhitzen, ca. 15 Min. bei 70° halten (das Wasser darf nicht kochen). Dann das Glas aus dem Wasser nehmen und den Minze-Auszug abkühlen lassen.

2 Für den Zuckersirup das kalkarme Wasser mit Zucker, Traubenzucker, Zitronensaft und -schale aufkochen und bei kleiner Hitze ca. 10 Min. sanft kochen, dann abkühlen lassen.

3 Den Minzeextrakt mit dem Zuckersirup durch ein feines Sieb in eine dunkle Flasche seihen. Die Flasche fest verschließen und den Likör ca. 4 Wochen kühl und dunkel ziehen lassen. Danach durch eine Kaffeefiltertüte seihen.

TIPP – GRÜNER LIKÖR

Leider verblasst die leuchtend grüne Farbe schnell. Eventuell mit etwas Speisefarbe nachhelfen.

zitronenwürzig | kreislauffördernd

Zitronen-Melissengeist

40 g frische Zitronenmelisseblätter
25 g Zitronengrasstängel
20 g Zitronenverbeneblätter, ersatzweise frische Minze
350 ml reiner Alkohol (Weingeist 96 %)
500 ml kalkarmes Wasser | 275 g Zucker

Für 750 ml Likör (ca. 37 Gläschen à 2 cl)
35 Min. Zubereitung | 2 Monate Ziehen | 3 Monate Ruhen
Pro Gläschen ca. 50 kcal, 0 g EW, 0 g F, 8 g KH

1 Kräuter waschen und trocken schütteln, die Zitronengrasstängel längs vierteln, alles in Stücke schneiden und in eine weithalsige Flasche füllen. Mit dem Alkohol übergießen, die Flasche verschließen, warm und dunkel 2 Monate ziehen lassen, die Flasche ab und zu schütteln.

2 Danach den Kräuterauszug durch eine Kaffeefiltertüte seihen. Das Wasser mit Zucker unter Rühren aufkochen und 10 Min. kräftig kochen, dann abkühlen lassen. Mit dem Kräuterauszug vermischen. In eine Flasche füllen, fest verschließen und kühl und dunkel mindestens 3 Monate ruhen lassen. Dann nochmals durch eine Kaffeefiltertüte seihen.

VARIANTE – WEIDENRÖSCHEN-LIKÖR

Statt Kräuter und Zitronengras 75 g Weidenröschenblüten und -blätter (Wildkraut, wächst häufig an Wegrändern) in Stücke schneiden, mit Alkohol ansetzen und ca. 3 Monate ruhen lassen. Sirup wie oben kochen, abkühlen lassen und mit dem gefilterten Weidenröschen-Extrakt mischen. Beides zusammen durch eine Kaffeefiltertüte gießen. In eine Flasche füllen, diese verschließen und dunkel aufheben.

links: Pfefferminzlikör | rechts: Zitronen-Melissengeist

Zitronen-
Melissengeist
7.7.2007

Bitteres & Gesundes

Bittere Kräuter, Wurzeln und Rinden werden schon lang als Medizin verwendet. Sie regen die Verdauung an, stärken und beleben. Mein Favorit ist der herb-bittere »Desgropa«, der »Knotenlöser« nach einem alten Rezept aus dem Trentino.

Trentiner Desgropa

1 Bio-Orange | 1 Bio-Zitrone
1 Bund gemischte Kräuter (z. B. Basilikum, Salbei, Thymian, Pfefferminze, Beifuß, Rosmarin)
2 frische Tannenzweigspitzen
4 EL Chinarinde
2 EL getrocknete Enzianwurzel
2 Lorbeerblätter
1 EL Wacholderbeeren
1 EL Anissamen
je 1 TL Pfeffer- und Korianderkörner
1 kleine getrocknete Chilischote
850 ml Grappa, Doppelkorn oder Wodka (40 %)

Für 750 ml Likör (ca. 37 Gläschen à 2 cl)
30 Min. Zubereitung | 3 Wochen Ziehen
Pro Gläschen ca. 55 kcal, 0 g EW, 0 g F, 0 g KH

1 Die Zitrusfrüchte heiß waschen, trocken tupfen und die Schale hauchdünn (ohne die weiße Schicht darunter) abschälen, in eine weithalsige Flasche füllen. Die Kräuter und Tannenspitzen waschen, trocken schütteln und mit Chinarinde, Enzianwurzel und Lorbeerblättern zugeben.

2 Die Gewürze etwas zerdrücken, ebenfalls hinzufügen. Etwa 750 ml Grappa aufgießen, die Flasche fest verschließen und die Mischung gut warm und hell 3 Wochen ziehen lassen, dabei die Flasche ab und zu schütteln.

3 Danach den Extrakt durch eine Kaffeefiltertüte seihen. Die Rückstände mit dem restlichen Grappa nachspülen, gut ausdrücken. Das Tonikum in eine saubere Flasche füllen, nun kühl und dunkel aufbewahren. Bei Bedarf nach einigen Wochen noch einmal filtern. Ein kleines Gläschen nach einem üppigen Essen wirkt wohltuend und verdauungsfördernd, löst die »Knoten« in Magen und Darm.

würzig | für die Frühjahrskur

Pissenlit-Ratafia

1 großes Bund Petersilie
150 g junge Löwenzahnpflanzen mit Wurzeln und Blüten | 35 g zarte Birkenblätter
30 g Brennnesselspitzen
1 Handvoll Veilchenblüten (nach Belieben)
2 EL Wacholderbeeren
675 ml Doppelkorn (40%)
135 ml Weißwein
135 g flüssiger Honig (z. B. Akazienhonig)

Für 750 ml Likör (ca. 37 Gläschen à 2 cl)
30 Min. Zubereitung | 2 Wochen Ziehen | 2 Monate Ruhen
Pro Gläschen ca. 60 kcal, 0 g EW, 0 g F, 3 g KH

1 Die Kräuter und Wildkräuter gut waschen (für die Brennnesseln Handschuhe anziehen) und trocken schütteln. Von den Löwenzahnwurzeln die braunen Häute abschaben. Alles klein schneiden und mit den Veilchenblüten in eine weithalsige Flasche füllen. Die Wacholderbeeren etwas zerdrücken und zugeben. 550 ml Doppelkorn aufgießen. Den Ansatz warm und dunkel 2 Wochen ziehen lassen, dabei öfter die Flasche schütteln.

2 Danach den Extrakt durch eine Kaffeefiltertüte seihen. Die Kräuter nochmals mit 125 ml Doppelkorn schütteln, ebenfalls filtern. Den Weißwein mit dem Honig verrühren, bis sich der Honig aufgelöst hat. Zum Extrakt geben, gut vermischen und ca. 2 Monate kühl und dunkel aufbewahren. Dann noch einmal durch eine Kaffeefiltertüte seihen. In eine saubere Flasche füllen, verschließen und kühl und dunkel aufheben. Täglich ein kleines Gläschen zur Entwässerung trinken.

aromatisch | für den Magen

Zimt-Kandis-Likör

150 g brauner Kandiszucker
400 ml kalkarmes Wasser
4 Zimtstangen
1 Sternanis
5 Gewürznelken
400 ml Doppelkorn oder Wodka (40%)

Für 750 ml Likör (ca. 37 Gläschen à 2 cl)
30 Min. Zubereitung | 4 Wochen Ruhen
Pro Gläschen ca. 44 kcal, 0 g EW, 0 g F, 4 g KH

1 Den Kandiszucker mit dem Wasser in einen Topf geben. Die Zimtstangen grob zerbrechen, mit dem Sternanis und den Nelken zugeben. Alles aufkochen und offen bei mittlerer Hitze ca. 20 Min. sanft kochen lassen, bei Bedarf den Schaum abschöpfen.

2 Den Sirup mit den Gewürzen darin auf Zimmertemperatur abkühlen lassen, dann durch eine Kaffeefiltertüte seihen. Den Sirup mit dem Doppelkorn vermischen und in eine saubere Flasche füllen. Gut verschließen und 4 Wochen kühl und dunkel ruhen lassen. Ein Gläschen davon nach dem Essen ist gut gegen Verdauungsbeschwerden im Magen-Darm-Bereich und hilft bei Erschöpfung.

AUSTAUSCH-TIPP
Statt neutralem Doppelkorn können Sie auch einen guten Rum nehmen, dann schmeckt der Likör noch kräftiger. Zimtrinde (Kassia) aus dem Asienladen ist preiswerter als Zimtstangen, hat aber ein weniger feines Aroma.

links: Pissenlit-Ratafia | rechts: Zimt-Kandis-Likör

bitter-süß | zum Verschenken

Florentiner Gewürzlikör

Der leuchtend rote, herb-bitter-süße Likör ist einem alten Klosterrezept aus Florenz nachempfunden. Im Originalrezept wird der »Alchermes« mit Cochenillerot wie Campari gefärbt – hier sorgen Hibiskusblüten für die Farbe.

2 Bio-Orangen (möglichst Bitterorangen)
3 große Zimtstangen (ca. 10 g)
2 EL Kardamomkapseln
½ Vanilleschote
2 EL Korianderkörner
1 EL Muskatblüte (Macis)
1 EL Chinarinde
2 TL Anissamen
5 Gewürznelken
350 ml reiner Alkohol (Weingeist 96 %)
650 ml kalkarmes Wasser
250 g Zucker
2 gehäufte EL Hibiskusblüten (Rote Malve)
1 TL frisch gepresster Zitronensaft
2 EL Rosenwasser
1 Tropfen Bittermandel-Aroma (nach Belieben)

Für 1 l Likör (ca. 50 Gläschen à 2 cl)
1 Std. Zubereitung | 7 Wochen Ziehen |
6 Monate Ruhen
Pro Gläschen ca. 50 kcal, 0 g EW, 0 g F, 7 g KH

1 Die Orangen heiß waschen und die Schalen mit einem Sparschäler hauchdünn abschälen. Die Schalen in kochendem Wasser 30 Sek. überbrühen, dann in ein Sieb abgießen und abtropfen lassen.

2 Die Zimtstangen zerkleinern. Die Kardamomkapseln aufbrechen und die schwarzen Kerne auslösen, die Kapseln wegwerfen. Die Vanilleschote klein schneiden. Alle Gewürze in eine weithalsige Flasche füllen, den Alkohol aufgießen und den Ansatz warm und dunkel 3 Wochen ziehen lassen, ab und zu die Flasche schwenken.

3 Danach das Wasser mit dem Zucker aufkochen, die Hibiskusblüten zugeben und alles 15 Min. bei kleiner Hitze ziehen lassen. Den Zitronensaft zugeben und den Hibiskussirup durch ein Tuch filtern, abkühlen lassen. Den Gewürzextrakt ebenfalls durch das Tuch filtern und mit dem Hibiskussirup und dem Rosenwasser (eventuell auch dem Bittermandel-Aroma) mischen, in eine saubere Flasche füllen und ca. 4 Wochen ziehen lassen.

4 Den Likör dann zweimal durch ein Tuch filtern und in eine saubere Flasche füllen. Jetzt kühl und dunkel ruhen lassen. Am besten erst nach 6 Monaten probieren.

VERWENDUNGS-TIPP

Der Likör schmeckt nicht nur gut nach dem Essen oder zu Mandelgebäck, sondern aromatisiert auch fantastisch Tiramisu und andere italienische Desserts, bei denen Biskuit mit Likör getränkt wird.

herb-bitter | verdauungsfördernd

Amarum absinthium

5 gut gehäufte EL Wermuttee
2 EL Kalmuswurzel
2 EL Erdrauchkraut (alles aus der Apotheke)
700 ml kalkarmes Wasser
100 ml reiner Alkohol (Weingeist 96 %)

Für 750 ml Likör (ca. 37 Gläschen à 2 cl)
20 Min. Zubereitung | 1 Woche Ziehen
Pro Gläschen ca. 5 kcal, 0 g EW, 0 g F, 0 g KH

1 Den Wermuttee, die Kalmuswurzel und das Erdrauchkraut in ein verschließbares Glas geben. Das Wasser aufkochen und siedend heiß über die Mischung gießen. Das Glas verschließen und die Mischung bis zum nächsten Tag ruhen lassen.

2 Den Alkohol zu der Mischung gießen, das Glas fest verschließen und den Ansatz warm und dunkel ca. 1 Woche ziehen lassen, das Glas ab und zu schütteln.

3 Danach den Extrakt erst durch ein feines Sieb, dann durch eine Kaffeefiltertüte seihen. In eine saubere Flasche füllen und fest verschließen. Kühl und dunkel aufbewahren. Nach 2–3 Monaten eventuell nochmals durch eine Kaffeefiltertüte seihen.

4 Nach dem Essen 1 Schnapsgläschen in ein halbes Glas warmes Wasser rühren und trinken. Nicht süßen, das beeinträchtigt die Wirkung. Dieser Wermutbitter tut auch bei Grippe und Erkältung gut.

würzig-aromatisch | aufmunternd

Chai-Likör

30 g frischer Ingwer
1 EL Kardamomkapseln
2 TL Gewürznelken
5 cm Zimtrinde (Kassia)
5 EL schwarzer Tee (Darjeeling); ersatzweise Roibuschtee
700 ml Milch
200 g Zucker
50 g Gelierzucker
175 ml reiner Alkohol (Weingeist 96 %)

Für 750 ml Likör (ca. 37 Gläschen à 2 cl)
30 Min. Zubereitung | 1 Tag Ziehen | 2 Wochen Ruhen
Pro Gläschen ca. 50 kcal, 1 g EW, 1 g F, 8 g KH

1 Den Ingwer schälen und in dünne Scheiben schneiden. Die ganzen Kardamomkapseln mit den Nelken im Mörser oder mit einer Messerklinge zerdrücken. Alles mit der Zimtrinde und den Teeblättern in einen Topf geben, die Milch zugießen. Den Zucker und den Gelierzucker zugeben und die Milch unter ständigem Rühren langsam aufkochen lassen. Bei kleiner Hitze 10 Min. ziehen, dann abkühlen lassen.

2 Die kalte Gewürzmilch durch ein Tuch seihen, die Rückstände fest ausdrücken. Die Milch mit dem Alkohol mischen und mit einem Pürierstab glatt mixen. Den Likör zugedeckt über Nacht ruhen lassen, dann noch einmal durchmixen. In eine saubere Flasche füllen und fest verschließen. Kühl und dunkel mindestens 2 Wochen ruhen lassen, ab und zu die Flasche kräftig schütteln. Ein Gläschen nach dem Essen hilft verdauen und vertreibt die Müdigkeit.

vorne: Chai-Likör | hinten: Amarum absinthium

würzig-herb | verdauungsfördernd

Irischer Usquebaugh-Cordial

Irische Mönche, heißt es, hätten den ersten Whiskey gebrannt und ihn »Usquebaugh«, Lebenswasser genannt. Da die ersten Brände recht beißend und bitter waren, versetzte man sie mit süßen Gewürzen, um sie bekömmlicher zu machen.

75 g Rosinen
50 g getrocknete Feigen
30 g Orangeat
10 Kardamomkapseln
4 EL Fenchelsamen
1 EL Muskatblüte (Macis)
1 EL Anissamen
7 Gewürznelken
30 g Süßholzwurzel
1 Döschen Safranfäden
gut 750 ml irischer Whiskey, ersatzweise Bourbon-Whiskey (40 %)

Für 750 ml Likör (ca. 37 Gläschen à 2 cl)
30 Min. Zubereitung | 4 Wochen Ziehen | 2 Monate Ruhen
Pro Gläschen ca. 45 kcal, 0 g EW, 0 g F, 0 g KH

1 Die Rosinen in ein Sieb geben und lauwarm abspülen, abtropfen lassen. Die Feigen klein schneiden. Das Orangeat eventuell noch etwas zerkleinern. Alles in eine weithalsige Flasche füllen.

2 Die Kardamomkapseln aufbrechen und die schwarzen Kerne auslösen, die Kapseln wegwerfen. Die Kerne mit dem Fenchel, der Muskatblüte, Anis und Nelken in einen Mörser geben und etwas zerdrücken. Mit der Süßholzwurzel in die Flasche geben.

3 Die Safranfäden in einem Schüsselchen mit 3 EL heißem Wasser übergießen, kurz quellen lassen, dann das Safranwasser samt Fäden in die Flasche gießen und den Whiskey auffüllen. Die Flasche gut verschließen und einmal kräftig schütteln. Die Mischung warm und dunkel 4 Wochen ziehen lassen, ab und zu die Flasche kräftig schütteln.

4 Den fertigen Likör erst durch ein Leinentuch gießen, die Rückstände fest ausdrücken. Dann den Likör durch eine Kaffeefiltertüte seihen, in eine saubere Flasche füllen und diese fest verschließen. Kühl und dunkel ruhen lassen. Nach 2 Monaten eventuell nochmals filtern, dann in kleine Flaschen umfüllen, damit das Aroma nicht verfliegt. Ein Gläschen nach einem üppigen Essen hilft verdauen, regt den Kreislauf und den Stoffwechsel an.

AROMA-TIPP

Wenn Sie ein noch intensiveres Orangenaroma mögen, die Schale von einer unbehandelten, gut gewaschenen und abgetrockneten Orange (am besten wäre eine Bitterorange) mit 2–3 Stücken Würfelzucker kräftig abreiben und den Würfelzucker zum Whiskey-Ansatz geben.

Irischer Usque
baugh
23.8.07

würzig-herb | bei Erkältung

Kalabrischer Lakritzlikör

75 g reine Bio-Lakritze (Reformhaus oder Bioladen)
500 ml Doppelkorn oder Wodka (40 %)
1 Bio-Orange
2 TL Anissamen | 2 Sternanis
175 g brauner Rohrzucker
250 ml kalkarmes Wasser

Für 750 ml Likör (ca. 37 Gläschen à 2 cl)
20 Min. Zubereitung | 3 Wochen Ziehen
Pro Gläschen ca. 55 kcal, 0 g EW, 0 g F, 5 g KH

1 Die Lakritze in kleine Stücke schneiden, mit dem Doppelkorn in eine weithalsige Flasche füllen und diese verschließen. Ansatz warm und hell 2 Tage ruhen lassen, ab und zu die Flasche schütteln.

2 Danach die Orange heiß waschen, trocken tupfen und mit einem Zestenreißer die Schale hauchdünn abschälen. Die Orangenschale mit dem Anis, Sternanis, Rohrzucker und Wasser zum Ansatz geben, Flasche verschließen und gut schütteln. Nun dunkel und warm 2–3 Wochen ziehen lassen.

3 Den fertigen Likör erst durch ein Tuch, dann durch eine Kaffeefiltertüte seihen. Eventuell die Rückstände mit einem kleinen Schuss Doppelkorn nachspülen. Den Likör in eine saubere Flasche füllen, gut verschließen und kühl und dunkel noch etwas ruhen lassen.

TIPP – LAKRITZE

Lakritze wird aus Süßholzwurzeln hergestellt und wirkt beruhigend auf Magen und obere Atemwege. Große Mengen Lakritze können allerdings Bluthochdruck und Kopfschmerzen verursachen.

aromatisch | für den Magen

Walnusslikör

25 unreife grüne Walnüsse (grüne Früchte)
450 ml reiner Alkohol (Weingeist 96 %)
6 Gewürznelken | 2 Zimtstangen
½ Bio-Zitrone
300 g brauner Kandiszucker
500 ml kalkarmes Wasser

Für 750 ml Likör (ca. 37 Gläschen à 2 cl)
20 Min. Zubereitung | 6 Wochen Ziehen | 3 Monate Ruhen
Pro Gläschen ca. 60 kcal, 0 g EW, 0 g F, 9 g KH

1 Die Nüsse waschen und vierteln (sie färben, Gummihandschuhe anziehen!). Mit dem Alkohol und den Gewürzen in eine weithalsige Flasche füllen. Die Zitrone waschen, die Schale hauchdünn abschälen und zugeben. Die Flasche verschließen und den Ansatz 6 Wochen warm und dunkel ziehen lassen, ab und zu die Flasche schwenken.

2 Danach den Ansatz durch eine Kaffeefiltertüte seihen. In einem Topf den Zucker mit dem Wasser unter Rühren aufkochen und 5 Min. kochen lassen, bis sich der Zucker aufgelöst hat, bei Bedarf abschäumen. Den Sirup abkühlen lassen. Mit dem gefilterten Ansatz vermischen und in eine saubere Flasche füllen. Kühl und dunkel noch mindestens 3 Monate ruhen lassen. Ein Gläschen davon nach dem Essen beruhigt den Magen.

TIPP – GRÜNE WALNÜSSE

Die grünen Früchte des Walnussbaumes werden in Italien am Johannistag, also am 24. Juni, geerntet und für diesen »Nocillo«-Likör angesetzt. Dann sind die Früchte noch so weich, dass sie sich samt Kernen leicht zerschneiden lassen.

links: Kalabrischer Lakritzlikör | rechts: Walnusslikör

Rumtopf & Co.

Im Gegensatz zu den Likören, bei denen Früchte nur Aromaspender sind, stehen sie beim Rumtopf im Mittelpunkt, der Alkohol dient hier nur dazu, den Duft und Geschmack des Sommers zu erhalten. Besonders gern mag ich den Pfirsich-Brandy-Topf, mit dem sich auch schnell ein »Bellini« mixen lässt.

Pfirsich-Brandy-Topf

1 kg reife, festfleischige Pfirsiche (möglichst Weinbergs-Pfirsiche)
200 g feiner Zucker
2 EL frisch gepresster Zitronensaft
350 ml Apricot Brandy
100 ml reiner Alkohol (Weingeist 96 %)

Für 1 Liter (ca. 10 Portionen)
30 Min. Zubereitung | 3 Wochen Ziehen
Pro Portion ca. 230 kcal, 1 g EW, 1 g F, 29 g KH

1 Die Pfirsiche in kochendem Wasser kurz überbrühen, in eiskaltem Wasser abschrecken und häuten. Die Pfirsiche halbieren und die Steine auslösen. Das Fruchtfleisch in Stücke schneiden, in ein dicht verschließbares Glas füllen. 2 Pfirsichsteine mit dem Hammer vorsichtig aufklopfen und die mandelartigen Kerne auslösen, zu den Pfirsichstücken geben.

2 Die Pfirsichstücke mit dem Zucker bestreuen, mit dem Zitronensaft beträufeln und 1 Std. ruhen lassen. Danach den Apricot Brandy und den Alkohol aufgießen, sodass die Pfirsichstücke gut bedeckt sind. Das Glas fest verschließen und den Pfirsich-Brandy-Topf mindestens 3 Wochen kühl und dunkel ziehen lassen.

SERVIER-TIPP

Die Pfirsichstücke auf Milchreis servieren oder damit einen »Bellini« mixen: gut 1 EL Pfirsichstücke mit 1 EL Brandy in einen Mixer geben, 2 EL gestoßenes Eis zugeben und alles pürieren. In einen Sektkelch füllen und mit eiskaltem Prosecco aufgießen. Als Aperitif servieren.

braucht Zeit | zum Verschenken

Beeren-Früchte-Rumtopf

Der klassische Rumtopf mit Beeren und Früchten der Saison. Braucht seine Zeit, schmeckt aber in der kalten Jahreszeit mit Vanillepudding oder Grießflammeri einfach herrlich wärmend.

500 g möglichst kleine Erdbeeren (Walderdbeeren, ersatzweise Monatserdbeeren)
ca. 1,25 kg feiner Zucker
1,4 l brauner Übersee-Rum (54 %)
500 g reife Kirschen (möglichst Sauerkirschen)
500 g Aprikosen, ersatzweise kleine Pfirsiche
500 g gemischte Beeren (Brombeeren, Schwarze und Rote Johannisbeeren, Heidelbeeren, einige Himbeeren)
500 g reife, aber noch feste Zwetschgen

Für 5 Liter (ca. 50 Portionen)
2 Std. Zubereitung | 3 Monate Ziehen | 3 Monate Ruhen
Pro Portion ca. 215 kcal, 0 g EW, 1 g F, 29 g KH

1 Ende Mai geht's los: Einen großen, glasierten Tontopf mit kochend heißem Wasser ausspülen, umgedreht trocknen lassen. Kleine Erdbeeren (sie sollen aromatisch, aber noch fest sein) vorsichtig waschen, abtropfen lassen und die Kelchblätter abzupfen. Die Beeren auf Küchenpapier ausbreiten und trocknen lassen. Dann wiegen und die Hälfte des Gewichts an Zucker bereitstellen.

2 Eine Schicht Erdbeeren in den Topf füllen, mit etwas Zucker bestreuen, wieder Erdbeeren einschichten und zuckern, bis die Beeren und die abgewogene Zuckermenge verbraucht sind. Etwa 700 ml Rum vorsichtig seitlich angießen, sodass der Zucker nicht von den Beeren abgespült wird. Die Erdbeeren müssen gut mit Rum bedeckt sein, damit sie nicht verderben. Den Topf gut verschließen und an einem kühlen Ort ruhen lassen.

3 Ende Juni kommen die Kirschen dran: Sauerkirschen sind am besten. Kirschen waschen, gut trocknen lassen, wiegen. Die Hälfte des Gewichts an Zucker bereitstellen. Wieder abwechselnd eine Lage Obst und etwas Zucker in den Topf geben, bis beides aufgebraucht ist. Zum Schluss vorsichtig ca. 200 ml Rum angießen. Den Topf wieder verschließen und ruhen lassen.

4 Im Juli sind die Aprikosen dran. Diese nach dem Waschen längs aufschlitzen, die Steine entfernen. Geputzte Aprikosen wiegen, die Hälfte der Gewichtsmenge an Zucker bereitstellen und Obst und Zucker abwechselnd in den Topf geben. 200 ml Rum angießen, verschlossen ziehen lassen.

5 Im August die Beeren waschen, putzen und trocknen, mit der halben Gewichtsmenge Zucker einschichten, wieder 200 ml Rum angießen.

6 Anfang September werden die Zwetschgen gewaschen, aufgeschlitzt und entsteint (Bild 1). Zwetschgen mit der halben Gewichtsmenge Zucker einschichten (Bild 2). Wieder 200 ml Rum angießen, Topf gut verschließen und kühl und ungestört bis mindestens November ruhen lassen. Bei Bedarf weiteren Rum nachgießen, das Obst muss immer gut bedeckt sein.

1

2

fruchtig-herb | erfrischend

Kiwis in Cachaça

750 g feste Kiwis
4 Bio-Limetten
400 g feiner Zucker
800 ml Cachaça (weißer Zuckerrohrbrand), ersatzweise weißer Rum (40 %)
125 ml reiner Alkohol (Weingeist 96 %)

Für 2 Liter (ca. 20 Portionen)
35 Min. Zubereitung | 1 Monat Ziehen
Pro Portion ca. 250 kcal, 0 g EW, 1 g F, 24 g KH

1 Die Kiwis schälen, längs vierteln und in grobe Stücke schneiden. Die Limetten in kochendem Wasser 5 Min. überbrühen, dann abtropfen lassen und mit Küchenpapier trocken tupfen. Limetten in kleine Stücke schneiden, dabei den Saft auffangen.

2 Die Fruchtstücke in ein sauberes Gefäß füllen, mit dem Zucker bestreuen und ca. 1 Std. ziehen lassen. Danach den aufgefangenen Limettensaft, den Cachaça und den Alkohol aufgießen. Das Gefäß fest verschließen und kühl und dunkel mindestens 1 Monat ruhen lassen.

TIPP – BATIDO DE KIWI

Die Kiwis und Limetten schmecken nicht nur auf Milchreis, sondern können auch für einen brasilianischen Longdrink verwendet werden: ca. 4 EL Früchte samt Sirup mit reichlich gestoßenem Eis in einen Mixer geben und auf höchster Stufe 2–3 Min. mixen. In einen Tumbler oder ein Becherglas gießen und mit einem Minzezweig garnieren (siehe Foto). Mit Trinkhalm servieren.

herb-würzig | originell

Schwarzer Beerentopf

250 g Zwetschgen
200 g Heidelbeeren
150 g Brombeeren
100 g Schwarze Johannisbeeren
100 g rote Stachelbeeren
2 frische Feigen
ca. 400 g brauner Rohrzucker
40 g reine Bio-Lakritze (Bioladen oder Reformhaus)
1 Stück Bio-Orangenschale (ca. 5 cm)
1 Zimtstange
650 ml Zwetschgenwasser, ersatzweise Wodka (40 %)
60 ml reiner Alkohol (Weingeist 96 %)

Für 2 Liter (ca. 20 Portionen)
40 Min. Zubereitung | 1 Monat Ziehen
Pro Portion ca. 185 kcal, 0 g EW, 1 g F, 23 g KH

1 Das Obst und die Beeren vorsichtig waschen, auf einem Küchentuch ausbreiten und trocknen lassen. Die Zwetschgen halbieren und entsteinen. Die Johannisbeeren mit einer Gabel von den Rispen streifen. Von den Beeren Blütenansätze und Stielchen entfernen. Die Feigen vierteln. Das Obst wiegen und in einen sauberen Tontopf oder ein großes Glas füllen. Mit der halben Gewichtsmenge Zucker bestreuen und 1 Std. ziehen lassen.

2 Die Lakritze in kleine Stücke schneiden und mit Orangenschale und Zimtstange zum Obst geben. Zwetschgenwasser und Alkohol darübergießen. Das Gefäß gut verschließen und den Beerentopf mindestens 4 Wochen ziehen lassen. Sieht toll auf Vanillepudding oder Grießflammeri aus.

links: Kiwis in Cachaça (Tipp) | rechts: Schwarzer Beerentopf

würzig-aromatisch | winterlich

Bratapfel-Rumtopf

Dieser Rumtopf passt zwar das ganze Jahr super zu Desserts, aber ich finde, er zaubert vor allem im Winter ein herrliches Aroma auf heißen Milchreis.

gut 1,5 kg säuerliche, feste Äpfel (z. B. Boskop)
50 g Walnusskerne
50 g ungehäutete Mandeln
50 g Rosinen
300 g brauner Rohrzucker
2 Zimtstangen
1 Vanilleschote
ca. 1 l brauner Übersee-Rum (54 %)

Für 2 Liter (ca. 20 Portionen)
1 Std. Zubereitung | 2 Monate Ziehen
Pro Portion ca. 305 kcal, 1 g EW, 3 g F, 25 g KH

1 Die Äpfel waschen, gut trocken reiben und quer halbieren. Die Kerngehäuse mit einem Kugelausstecher ausbohren. Die Apfelhälften mit der Höhlung nach oben in ein tiefes Backblech setzen. Den Backofen auf 220° (Umluft 200°) vorheizen.

2 Die Walnusskerne und die Mandeln grob hacken, mit den Rosinen vermischen. Die Nuss-Rosinen-Mischung gleichmäßig auf den Apfelhälften verteilen. Die Hälfte des Rohrzuckers darüberstreuen. Das Blech in den Ofen (Mitte) schieben und die Äpfel ca. 15 Min. backen, bis der Zucker leicht karamellisiert ist.

3 Die Äpfel aus dem Ofen nehmen und abkühlen lassen. Die Äpfel samt Füllung in Stücke schneiden. Die Zimtstangen in grobe Stücke brechen. Die Vanilleschote aufschlitzen und in 2 cm lange Stücke schneiden. Apfelstücke, Füllung und Gewürze in einen sauberen Tontopf oder in ein großes Glas füllen, den restlichen Zucker darüberstreuen.

4 Die Karamellreste auf dem Backblech mit etwas Rum übergießen, mit einem Löffel abschaben und auflösen, über die Bratapfelstücke gießen. So viel von dem restlichen Rum aufgießen, bis die Äpfel gut bedeckt sind. Das Gefäß fest verschließen und den Bratapfel-Rumtopf 1–2 Monate kühl und dunkel ziehen lassen.

VARIANTE – BIRNEN-ROTWEIN-TOPF

Statt der Äpfel kleine, feste Birnen (z. B. Packhams) waschen und vom Stiel aus nach unten schälen (den Stiel nicht entfernen), die Blütenansätze ausschneiden. Die Birnen vorsichtig in einen Kochtopf schichten, 250 g feinen Zucker, 1 Bio-Zitronenscheibe, 2 Zimtstangen und 1 TL Gewürznelken zugeben, alles mit ca. 750 ml kräftigem Rotwein bedecken und erhitzen. Die Birnen 15 Min. bei ganz kleiner Hitze ziehen lassen, dann im Rotweinsud abkühlen lassen. Die Birnen aus dem Sud heben und in einen Tontopf oder ein großes Glas füllen. Den Rotweinsud durch ein Sieb gießen, bei großer Hitze etwas einkochen, abkühlen lassen. Mit 250 ml reinem Alkohol (Weingeist 96 %) vermischen, nach Bedarf mit Zuckersirup (siehe Seite 7) nachsüßen und über die Birnen gießen. Gut verschlossen mindestens 1 Monat ruhen lassen.

vorne und rechts: Bratapfel-Rumtopf | hinten: Birnen-Rotwein-Topf (Variante)

würzig | aus Frankreich

Pflaumen in Armagnac

750 g getrocknete harte Pflaumen (Dörrpflaumen) ohne Stein
3 kleine Zimtstangen
5 Sternanis
ca. 1,25 l Armagnac, ersatzweise französischer Weinbrand (40 %)

Für 2 Liter (ca. 20 Portionen)
15 Min. Zubereitung | 1 Monat Ziehen
Pro Portion ca. 235 kcal, 1 g EW, 1 g F, 18 g KH

1 Die Pflaumen kurz mit lauwarmem Wasser abspülen, auf Küchenpapier ausbreiten und trocknen lassen. Die Zimtstangen halbieren, die Sternanis durchbrechen. Die trockenen Pflaumen abwechselnd mit den Gewürzen in ein sauberes Tongefäß oder ein großes Glas füllen.

2 Den Armagnac aufgießen, bis die Pflaumen vollständig bedeckt sind. Das Gefäß fest verschließen. Die Pflaumen kühl und dunkel 1 Monat oder länger ziehen lassen, dabei das Gefäß ab und zu vorsichtig umschwenken (nicht schütteln). Die durchgezogenen Pflaumen zu Desserts servieren. Oder zum Würzen von pikanten Geflügelsaucen verwenden.

TIPP – PFLAUMEN DÖRREN

Die Pflaumen sollten sehr trocken sein, sonst können sie verderben. Falls Sie nur feuchte erhalten: auf einem Backblech ausbreiten und im Ofen bei 50° ca. 1 Std. dörren lassen.

fruchtig | aus Italien

Weinbrand-Mirabellen

1,2 kg kleine, reife, aber noch feste Mirabellen
600 g Zucker
600 ml kalkarmes Wasser
2 kleine Zimtstangen
600 ml milder Weinbrand (italienischer Brandy)

Für 2 Liter (ca. 20 Portionen)
15 Min. Zubereitung | 1 Monat Ziehen
Pro Portion ca. 230 kcal, 0 g EW, 1 g F, 38 g KH

1 Die Mirabellen waschen und mit Küchenpapier trocken reiben. Die Früchte mit einer Nadel rundum mehrmals bis zum Stein einstechen.

2 In einem Topf den Zucker mit 600 ml Wasser und den Zimtstangen aufkochen, 5 Min. sanft kochen lassen. Die Mirabellen portionsweise hineingeben, Wasser einmal kurz aufwallen lassen und die Mirabellen sofort mit einem Schaumlöffel in eine Schüssel heben. Die Mirabellen abgedeckt über Nacht ruhen lassen.

3 Am nächsten Tag den Sirup wieder aufkochen. Die Mirabellen noch einmal portionsweise darin aufwallen lassen, mit einem Schaumlöffel in die Schüssel heben und abkühlen lassen. In einen sauberen Tontopf oder ein großes Glas füllen. Den Weinbrand aufgießen.

4 Den Sirup bei großer Hitze noch einmal aufkochen, abkühlen lassen. Durch ein Sieb über die Mirabellen gießen. Das Gefäß fest verschließen und die Früchte kühl und dunkel ca. 1 Monat ziehen lassen. Dann die Weinbrand-Mirabellen zu Desserts oder mit Vanilleeis servieren.

vorne: Pflaumen in Armagnac | hinten: Weinbrand-Mirabellen

würzig | originell

Exoten-Rumtopf mit Chilis

Je nach Chilisorte schmeckt dieser Rumtopf fruchtig bis feurig und ist schon nach einem Monat zum Probieren bereit. Ich mag die Früchte am liebsten unter einer großen Kugel Vanilleeis.

1 kleine Ananas (ca. 1,2 kg)
3 Orangen, 1 davon Bio
1 reife Papaya
1 Granatapfel
je 150 g helle und blaue Weintrauben
2 frische rote Chilischoten (je nach Geschmack milde rote Cayenne-Chilis oder höllisch scharfe orangefarbene Habaneros)
4 Kardamomkapseln
350 ml Weißwein
350 g Zucker
1 Zimtstange | 3 Gewürznelken
400 ml Light Rum 40 % (z. B. kubanischer)
200 ml reiner Alkohol (Weingeist 96 %)

Für 2 Liter (ca. 20 Portionen)
75 Min. Zubereitung | 1 Monat Ziehen
Pro Portion ca. 195 kcal, 1 g EW, 1 g F, 27 g KH

1 Die Ananas schälen und die braunen »Augen« mit einem spitzen Messer entfernen. Die Ananas längs vierteln, den harten Strunk in der Mitte entfernen und das Fruchtfleisch in Stücke schneiden.

2 Die Bio-Orange heiß waschen, trocknen und ein 5 cm langes Schalenstück hauchdünn abschälen. Alle Orangen mit einem scharfen Messer dick bis ins Fruchtfleisch schälen, sodass auch die weiße Haut entfernt wird. Die Fruchtspalten zwischen den hellen Trennhäuten herausschneiden, dabei den Saft auffangen. Die Orangenspalten quer halbieren.

3 Die Papaya schälen, halbieren und die Kerne auskratzen. Das Fruchtfleisch in Stücke schneiden. Den Granatapfel halbieren und die Fruchtkerne auslösen (Vorsicht, der Saft macht schwer entfernbare Flecken). Die Weintrauben waschen und gut abtropfen lassen.

4 Die Chilis waschen, putzen und aufschlitzen (am besten Gummihandschuhe dabei tragen), die Kerne entfernen und die Schoten in feine Streifen schneiden. Die Kardamomkapseln aufbrechen und die schwarzen Kernchen auslösen.

5 Das vorbereitete Obst mit den Chilistreifen vorsichtig mischen und in einen sauberen Tontopf oder ein großes Glas füllen. Die Orangenschale mit dem aufgefangenen Orangensaft, dem Weißwein, Zucker, Kardamomkernen, Zimt und Nelken unter Rühren aufkochen, 5 Min. sprudelnd kochen, dann ca. 15 Min. abkühlen lassen.

6 Den abgekühlten Weinsirup mit dem Rum und dem Alkohol vermischen und über das Obst gießen. Das Gefäß gut verschließen und den Rumtopf kühl und dunkel 1 Monat ziehen lassen, dann erst probieren.

AUSTAUSCH-TIPP

Statt der Papaya können Sie auch eine reife Mango nehmen, schälen, das Fruchtfleisch vom Stein schneiden und würfeln.

Alkohol

Eine dünnflüssige, sehr leicht entzündliche, brennend schmeckende Flüssigkeit, die durch Vergärung von zuckerhaltigen Flüssigkeiten und Destillation rein gewonnen werden kann. Die Menge an Alkohol, die in Getränken enthalten ist, wird in Volumenprozent (abgekürzt vol.-%) angegeben. Je mehr Prozent Alkohol in einem Getränk sind, umso schneller wirkt es berauschend – nicht nur für Autofahrer wichtig! Neben dem normalen Alkohol (chemisch Äthanol oder Ethanol) gibt es weitere Alkohole, die – wie Methylalkohol – giftig sein können. Vergällter Alkohol (Brennspiritus) ist für den Genuss untauglich gemacht und unterliegt deshalb nicht der Branntweinsteuer.

Alkoholgehalt

Den ungefähren Alkoholgehalt Ihrer Liköre können Sie so berechnen: die eingesetzte Menge alkoholischer Flüssigkeit in ml (Millilitern) multipliziert mit dem Alkoholgehalt der Flüssigkeit in Prozent geteilt durch die Gesamtmenge, die Sie am Schluss erhalten. Zum Beispiel: wenn Sie 350 ml Wodka mit 40 % für Ihren Likör verwenden und zum Schluss 750 ml Likör haben, ergibt das einen Alkoholgehalt von 18,7 % im Likör. Allerdings nehmen Obst und Beeren viel Alkohol auf, sodass der tatsächliche Gehalt oft weit geringer ist. Deshalb wird ein Rumtopf auch mit etwa 54 %igem Rum angesetzt, sonst könnte er verderben.

Aufgesetzter

Regional gebräuchliche Bezeichnung für selbst gemachten Likör, bei dem das Aroma von Obst oder Beeren durch Alkohol ausgezogen (»mazeriert«), aber nicht destilliert wird.

Bitterliköre

Kräuter- und Gewürzliköre, die mit bitter schmeckenden Pflanzen, Früchten, Rinden, Wurzeln und Schalen aromatisiert sind. In Italien »Amaro« genannt. Typische Bitterstoffe sind Wermutkraut, Chinarinde, Bitterorangenschalen, Enzian und Hopfen. Die Bitterstoffe regen den Appetit, die Verdauung und die Gallenproduktion an und wirken stärkend und kräftigend. Bitterliköre sollten keinen oder nur wenig Zucker enthalten, damit sie ihre positiven Wirkungen entfalten können.

Bitterorangen

Auch Pomeranzen genannt, mit besonders aromatischer Schale und herbem Saft. Gibt es vor allem im Januar und Februar bei uns in Gemüse- und Bioläden zu kaufen.

Brandy

Bei uns eine Bezeichnung für Fruchtliköre im Zusammenhang mit einem Obstnamen (z. B. »Apricot Brandy«), wenn der Geschmack von einem Obstbranntwein (siehe »Branntweine«) bestimmt wird. In Italien und Spanien ist ein »Brandy« ein Branntwein aus Wein.

Branntweine

Spirituosen mit oder ohne aromatisierende Zutaten müssen mindestens 32 % Alkohol enthalten. Werden sie aus Weinen destilliert, heißen sie »Branntwein aus Wein« oder »Weinbrand«. Ein »Obstbranntwein« gehört zu den Edelbränden und wird aus vergorenem Obst oder Beeren gewonnen. Sie werden auch »-wasser« genannt – z. B. Kirschwasser. Ein »Obstgeist« dagegen wird aus unvergorenen Früchten gewonnen, die mit Alkohol angesetzt und dann destilliert werden.

Branntweinsteuer

Alkoholische Getränke unterliegen bei uns einer Steuer, deshalb steigt automatisch auch der Preis mit dem Alkoholgehalt. Reiner Alkohol (Weingeist 96 %) kostet fast überall gleich. Billiger gibt es ihn nur in Ländern mit geringerem Steuersatz oder in zollfreien Gebieten.

Brennen

Die Gewinnung von konzentriertem Alkohol durch Destillation von Wein oder alkoholhaltigen Flüssigkeiten oder Maischen und Trestern (siehe Grappa). Das Brennen von Obst zu Branntwein ist nur mit besonderer Erlaubnis zulässig.

Cordial

Englisches Wort für Likör, aber auch für eine wohltuende und zugleich gut schmeckende Medizin (von latein. »cordialis« – zum Herzen gehörig).

Destillation

Werden Flüssigkeiten erhitzt, die Wasser und Alkohol enthalten, so verdampft der Alkohol bereits unter 80°, während Wasser erst bei 100° siedet. Um diesen leichter flüchtigen Anteil abzutrennen, wird die Flüssigkeit in einem geschlossenen Kessel erhitzt, die Dämpfe durch ein Rohr abgeleitet und gekühlt, sodass der Alkohol gewonnen werden kann. Allerdings enthalten die Ausgangsstoffe meist sogenannte Fuselöle, unbekömmliche Alkohole, die durch ein aufwendiges Destillationsverfahren (Rektifikation) abgetrennt werden müssen.

Elixiere

Von arabisch »al iksir«, Lebenssaft. Alkoholische Auszüge von Pflanzen mit Zusätzen von Extrakten, Zucker, oft auch ätherischen Ölen.

Essenzen

Auszüge, vor allem mit reinem Weingeist, aus Zitrusschalen, Gewürzen, Rinden, Früchten und Kräutern. Wegen ihrer medizinischen Wirkung oder zur Geschmacksverbesserung bei Likören verwendet.

Grappa

Ein italienischer Branntwein aus Weintrestern (Schalen und Kerne der Weintrauben, die nach dem Abpressen des Weins noch Alkohol enthalten). Je nach Trester können sie sehr dezent oder deutlich nach der Rebsorte schmecken. Meist 40 % Alkohol. Bei uns Tresterbrand, in Frankreich Marc genannt.

Liköre

Das Wort kommt von lateinisch »liquor« (Flüssigkeit) und bezeichnet aromatische alkoholische Getränke mit recht hohem Zuckergehalt (100 g pro Liter und mehr). Der übliche Alkoholgehalt liegt zwischen 20 und 40 %. Ursprünglich waren Liköre Heilmittel aus Pflanzenauszügen, die destilliert und mit Honig geschmacklich abgerundet wurden.

Mazerieren

Nennt man das Ausziehen löslicher Stoffe aus zerkleinerten Früchten, Beeren oder Kräutern mit Weingeist, verdünntem Alkohol oder Wasser bei Zimmertemperatur. Ist die Grundlage für die Herstellung von Likören und »Aufgesetzten«.

Ratafia

Vom Lateinischen »rata fiat«, einen Vertrag abschließen. Nach einer zufriedenstellenden Einigung unter Geschäftsleuten wurde der Handel mit einem Gläschen Likörwein besiegelt. Am bekanntesten ist der »Ratafia de Champagne«, für den gärender Traubenmost mit hochprozentigem Alkohol »stumm« gemacht wird, das heißt, die weitere Gärung wird unterbunden. Nach einer Lagerung im Holzfass entsteht ein süßer Likör von etwa 20 %. Auch in anderen Ländern werden Liköre als »Ratafia« bezeichnet.

Rosolio

In Italien für Kloster-Liköre aus Zitrusschalen, Weingeist, Gewürzen und Zucker verwendet, da diese früher mit Rosenblüten, Rosenwasser oder Rosenöl verfeinert wurden.

Rum, hochprozentiger

Für den Rumtopf sollte die verwendete Spirituose etwa 54 % Alkohol haben, damit die Früchte nicht verderben. Diesen Alkoholgehalt bieten aber nur wenige Produkte, vor allem Übersee-Rum in der 54 %-Version. Wenn Sie andere Alkoholika verwenden wollen, müssen Sie sie mit reinem Alkohol (Weingeist) auf ca. 55 % bringen – 1 Liter 40%iger Schnaps plus 180 ml Weingeist von 96 % ergibt zusammen eine ca. 55 %ige Spirituose.

Weingeist

Wird nicht etwa aus Wein, sondern vor allem aus vergorenen Kartoffeln oder Zuckermelasse durch Destillation gewonnen. Ist die handelsübliche Bezeichnung für einen sehr reinen Alkohol von 96%, den es in Apotheken gibt. Manche Apotheken führen nur 90%igen; diesen können Sie genauso für unsere Rezepte verwenden.

Wo bekomme ich ...

Zutaten wie Chinarinde, Enzianwurzel und exotische Gewürze? Die meisten gibt es in Gewürzshops, Apotheken, Reformhäusern oder Gesundheits-Teeläden.
Oder unter folgender Internet-Adresse zum Bestellen:
www.Kraeuterhaus-Eder.de

Zum Gebrauch
Damit Sie Rezepte mit bestimmten Zutaten noch schneller finden können, stehen in diesem Register zusätzlich auch beliebte Zutaten wie **Honig** oder **Orange** – ebenfalls alphabetisch geordnet und **hervorgehoben** – über den entsprechenden Rezepten.

A

B

C/D

E

F

G

H

I/J

K

L

Unsere Garantie

Alle Informationen in diesem Ratgeber sind sorgfältig und gewissenhaft geprüft. Sollte dennoch einmal ein Fehler enthalten sein, schicken Sie uns das Buch mit dem entsprechenden Hinweis an unseren Leserservice zurück. Wir tauschen Ihnen den GU-Ratgeber gegen einen anderen zum gleichen oder ähnlichen Thema um.

Liebe Leserin und lieber Leser,

wir freuen uns, dass Sie sich für ein GU-Buch entschieden haben. Mit Ihrem Kauf setzen Sie auf die Qualität, Kompetenz und Aktualität unserer Ratgeber. Dafür sagen wir Danke! Wir wollen als führender Ratgeberverlag noch besser werden. Daher ist uns Ihre Meinung wichtig. Bitte senden Sie uns Ihre Anregungen, Ihre Kritik oder Ihr Lob zu unseren Büchern. Haben Sie Fragen oder benötigen Sie weiteren Rat zum Thema? Wir freuen uns auf Ihre Nachricht!

Wir sind für Sie da!
Montag–Donnerstag: 8.00–18.00 Uhr;
Freitag: 8.00–16.00 Uhr
Tel.: 0180-5005054*
Fax: 0180-5012054*
*(0,14 €/Min. aus dem dt. Festnetz/ Mobilfunkpreise können abweichen.)
E-Mail:
leserservice@graefe-und-unzer.de

P.S.: Wollen Sie noch mehr Aktuelles von GU wissen, dann abonnieren Sie doch unseren kostenlosen GU-Online-Newsletter und/oder unsere kostenlosen Kundenmagazine.

GRÄFE UND UNZER VERLAG
Leserservice
Postfach 86 03 13
81630 München

© 2008
GRÄFE UND UNZER VERLAG GmbH, München

Alle Rechte vorbehalten. Nachdruck, auch auszugsweise, sowie die Verbreitung durch Film, Funk, Fernsehen und Internet, durch fotomechanische Wiedergabe, Tonträger und Datenverarbeitungssysteme jeglicher Art nur mit schriftlicher Genehmigung des Verlages.

Programmleitung: Doris Birk
Leitende Redakteurin: Birgit Rademacker
Redaktion & Lektorat: Katharina Lisson
Layout, Typografie und Umschlaggestaltung: independent Medien-Design, München
Satz: Uhl + Massopust, Aalen
Herstellung: Martina Müller
Reproduktion: Repro Ludwig, Zell am See
Druck und Bindung: Firmengruppe APPL, Wemding

ISBN 978-3-8338-0910-1

1. Auflage 2008

GRÄFE UND UNZER

Ein Unternehmen der
GANSKE VERLAGSGRUPPE

Der Autor

Reinhardt Hess studierte nicht nur Naturwissenschaften, sondern auch die drogistische Fachliteratur seines Vaters. Danach machte er sein Hobby zum Beruf, wurde Journalist und Buchautor, schreibt über Essen, Trinken, Genießen und – natürlich Liköre und Rumtöpfe. Außerdem sammelt er Kräuter und Wildfrüchte und entwickelt neue Rezepte in seiner Küche. Über 50 Bücher sind von und mit ihm erschienen, sieben davon wurden von der Gastronomischen Akademie mit Medaillen ausgezeichnet.

Die Fotografinnen

Ulrike Schmid und **Sabine Mader** arbeiten seit Jahren als eingespieltes Team in ihrem Fotostudio **Fotos mit Geschmack**.
Sie fotografieren, wo das Licht am schönsten ist, ob im Studio, in der Küche oder im Freien.
Assistenz: Silvio Knezevic
www.fotos-mitgeschmack.de

Bildnachweis:

Titelbild: Jörn Rynio, Hamburg;
alle anderen: Fotos mit Geschmack, München

Titelbildrezepte:

Von links nach rechts: Florentiner Gewürzlikör (S. 38), Fiore di latte (S. 20), Beeren-Früchte-Rumtopf (S. 48), Schattenmorellen-Likör (S. 9)

Kochlust pur

Preis je Band: 7,50 €

Die neuen KüchenRatgeber – da steckt mehr drin

ISBN 978-3-8338-0323-9
64 Seiten

ISBN 978-3-8338-0303-1
64 Seiten

ISBN 978-3-8338-0304-8
64 Seiten

ISBN 978-3-8338-0310-9
64 Seiten

ISBN 978-3-8338-0312-3
64 Seiten

ISBN 978-3-8338-0307-9
64 Seiten

Änderungen und Irrtum vorbehalten

Das macht sie so besonders:

- **Neue mmmh-Rezepte** – unsere beste Auswahl für Sie
- **Praktische Klappen** – alle Infos auf einen Blick
- **Die 10 GU-Erfolgstipps** – so gelingt es garantiert

GU

Willkommen im Leben.

küchengötter.de
powered by GU

Einfach göttlich kochen und himmlisch speisen?
Die passenden Rezepte, Küchentipps und -tricks
in Wort und Film finden Sie ganz einfach unter:
www.küchengötter.de

Was zu **Rumtopf** schmeckt

Früchte in Alkohol schmecken natürlich immer mit Vanilleeiscreme. Aber es gibt noch mehr feine Möglichkeiten für ein süßes Dazu (alle Rezepte ohne Angabe für 4).

Vanilleflammeri 2 Eier trennen. Die Eigelbe mit 70 g Zucker, 1 Päckchen Bourbon-Vanillezucker und 45 g Speisestärke in einem Topf verrühren. ½ l Milch zugießen und alles bei kleiner Hitze unter Rühren erwärmen, bis die Masse dick wird. Den Topf vom Herd nehmen und 2 EL Butter unterrühren. Den Flammeri lauwarm abkühlen lassen. Die Eiweiße steif schlagen und unterheben. Die Creme in kalt ausgespülte Portionsschalen füllen und 3–4 Std. kalt stellen. Nach Belieben stürzen.

Grießauflauf ½ l Milch mit 60 g Zucker, ½ TL Zimtpulver und 1 Prise Salz aufkochen. 100 g Hartweizen-Grieß einrieseln lassen und bei kleiner Hitze 10 Min. ausquellen lassen. Etwas abkühlen lassen und 2 Eier unterrühren. Die Masse in eine gebutterte Form geben, mit 2 EL gehackten Mandeln, 3 EL Zucker und 30 g Butter in Flöckchen bedecken und im heißen Ofen bei 220° gut 20 Min. überbacken, bis die Oberfläche gebräunt ist.

Zimt-Eiscreme (für 6 Portionen) 3 frische Eier trennen. Die Eigelbe mit 2 EL Zucker hellschaumig rühren. 2 EL hellen Honig und 1–2 TL Zimtpulver untermischen. 2 Eiweiße steif schlagen und unter die Creme ziehen, dann 200 g kalte Sahne steif schlagen, ebenfalls unterheben. Die Creme in eine Metallform füllen und abgedeckt im Tiefkühler in ca. 6 Std. fest gefrieren lassen. 15 Min. vorm Servieren aus dem Gefriergerät nehmen.